JN401765

Contents

Chapter 01. 캐릭터와 캐릭터 사업의 일반론 / 15

    Section 01. 캐릭터란? / 16
    Section 02. 캐릭터 사업의 유형 / 18
    Section 03. 왜 캐릭터가 필요한가? / 21
    Section 04. 돈벌이로써의 캐릭터 사업 / 25
    Section 05. 캐릭터 산업의 특징과 성장 전망 / 28

Chapter 02. 캐릭터 개발부문 / 31

    Section 06. 캐릭터 산업의 정의와 캐릭터 개발시 고려할 점 / 32
    Section 07. 성장성 있는 캐릭터는 많은 캐릭터 중에 골라라 / 35
    Section 08. 캐릭터의 이름이 중요하다 / 37
    Section 09. 성장가능성 있는 캐릭터의 중요성 / 39
    Section 10. 캐릭터의 종류별 특징 / 41
    Section 11. 성공하는 캐릭터 디자이너의 자세 / 43

Chapter 03. 캐릭터 상품 제조 · 유통부문 / 45

    Section 12. 모방이 창조의 어머니? / 46
    Section 13. 나 같으면 이 상품을 사겠는가? / 48

Section 14. 캐릭터 상품의 종류와 가능한 영역, 그리고 효과 / 51

Section 15. 배치디자인인가? 창의적 디자인인가? / 53

Section 16. 해외시장을 공략하라 / 54

Section 17. 캐릭터 상품 매장사업에 대하여 / 57

Section 18. 유통환경의 변화와 캐릭터 상품 / 62

Section 19. 백화점, 할인점의 문화콘텐츠상품 취급전망 / 65

Section 20. '짝퉁'의 폐해와 대책 / 69

Chapter 04. 캐릭터 라이센싱 · 마케팅부문 / 71

Section 21. 라이센싱을 위한 목표 수립 / 72

Section 22. 라이센싱 초기 상품 전략 / 75

Section 23. 캐릭터의 성격에 따른 사업포인트 / 77

Section 24. 내 캐릭터가 성공하기 위해서는! / 79

Section 25. 내 상품에 맞는 캐릭터의 선택 / 81

Section 26. 내가 만든 캐릭터는 나 혼자만? / 85

Section 27. 유명 캐릭터의 적용 검토 / 87

Section 28. 세계 최초의 캐릭터 상품에 대한 생각 / 89

Section 29. 로열티의 적용방법 / 102

Section 30. 적정한 로열티 수준 / 105
Section 31. PLAN-DO-SEE의 끊임없는 노력, 캐릭터 마케팅 / 107
Section 32. 일관된 캐릭터 홍보 / 109

Chapter 05. 캐릭터 사업 경영부문 / 111

Section 33. 지속적인 성장분야 : 캐릭터 산업 / 112
Section 34. 캐릭터 분야에서 성공하려는 젊은이에게 / 115
Section 35. 창의적 사고를 성과로 도출하는 캐릭터 사업 경영 / 119
Section 36. 사람이 중요하고, 사람 때문에 망하는 캐릭터 사업 / 121

Chapter 06. 저자의 칼럼 기사 / 123

Section 37. 저작권 관련제도의 개선방향 / 124
Section 38. 캐릭터도 담보인정, 자금부담 덜어줘야 / 130
Section 39. 또 하나의 비젼 '캐릭터 산업' / 132
Section 40. 캐릭터 산업이 국가의 비전산업으로 성장하기 위해서는 / 136
Section 41. 캐릭터 사업이 어렵다고 하는 이유 / 139

Chapter 07. 캐릭터 "두기"의 성공사례 분석 / 143

    Section 43. "두기"의 개발 배경 / 145

    Section 44. "두기"의 인지도 및 생명력 확보를 위한 노력 / 152

    Section 45. '두기'에게 배우는 캐릭터 10계명 / 155

    Section 46. "두기"의 파급효과와 라이센싱의 경과 / 161   161

    Section 47. "두기"의 성공요인과 경쟁력 분석 / 163

    Section 48. 경영 전략과 시사점 분석 / 164

    Section 49. "두기"의 향후 발전계획 / 166

    Section 50. 라이센싱 관리 / 168

    Section 51. 다양한 두기 상품 / 172

부록1 - "두기"의 캐릭터 컨셉과 매뉴얼 / 183

부록2 - 각종 계약서와 양식 / 211

글을 읽기 전에

　이 책은 저자의 다양한 캐릭터 사업에 대한 경험담이나 경영에 관한 견해를 수필식으로 기술한 것으로써 캐릭터 사업과 관련된 하나의 지침서이다.
　캐릭터에 관련한 기존의 출판물들은 정의와 현상들을 조사한 내용의 백서나 편람 그리고 디자인적 시각에서의 기술인데 비해 우리나라 최초로 캐릭터 산업의 전반적인 부문에 대한 현실성 있는 발전방향을 제시하고자 하였다.

　내용의 구성은 캐릭터 산업의 유형, 특징, 성장전망 등 포괄적인 내용에서부터 캐릭터개발부문, 라이센싱마케팅부문, 상품화부문, 경영적인 관점의 내용을 분리하여 기술하고 마지막 부분에서는 필자의 컬럼 기사를 소개하여 캐릭터 산업의 하나의 부분에서 전체를 보는 시각으로 확대하여 견해를 기술하였다.
　따라서 학문적 접근이 아니라 캐릭터개발에서 상품화에 이르는 일련의 하나 하나의 사업들에 대한 착안점이나 경험을 통한 나아갈 바람직한 방향을 제시한 것이다.

　캐릭터 산업은 다양한 콘텐츠 산업의 기본요소이자 목표산업이므로 그 설정에서부터 특히 상품화를 염두에 두고 적합한 모양이나 색감을 설정할 것을 강조하였으며, 수많은 애니메이션의 창작물에서도 초기 캐릭터 설정의 중요성을 간과치 않아야 한다는 점을 강조하였다. 그리고 캐릭터를 개발할 때 그 이름 또한 중요한데 필자의 경우 어떤 방법으로 작명을 고민했는가 하는 현실적인 발상의 방법도 제시하였다.

캐릭터를 개발함에 있어서 많은 캐릭터 중에 성장성 있는 캐릭터를 골라야 하며, 캐릭터의 종류별 특성을 감안한 성장성 있는 캐릭터의 설정방법이나 바람직한 디자이너의 자세에 대해서도 지적하였다.

적어도 하나의 생명력 있는 캐릭터를 창조하고자하는 개발디자이너가 되기 위해서는 단순히 컴퓨터 프로그램을 운영하는 스킬보다는 캐릭터의 활용범위, 상품의 특징, 유통현상 그리고 다양한 콘텐츠의 특징과 OSMU(One Source Multi Use)의 진정한 의미 등에 대해 현실성 있게 뒤집어 볼 수 있는 안목이 무엇보다 중요하다고 생각한다.

캐릭터 상품화사업부문에 있어서는 상품의 제작, 유통에 대한 중요한 사항들을 기술하였다. 캐릭터 상품을 제조함에 있어서 무엇보다도 '나 같으면 이 상품을 사겠는가?'의 관점에서 배치디자인이기보다는 창의적인 디자인으로 접근하기를 주장하였다.

캐릭터 상품의 유통부문에 있어서는 우리나라와 같이 문화산업 성장경로 상에 있는 경우 특히 유통환경 변화의 중요성을 인식하지 못하면 실패할 수밖에 없으며 수많은 프랜차이즈유통의 실패의 원인을 분석하였고, 무엇보다 수출시장의 개척이 필요하다는 관점도 제시하였다.

그리고 대형할인점의 활황에 의한 문화콘텐츠상품의 유통흐름은 전문화된 카테고리 킬러식의 매장이 형성될 전망과 캐릭터 상품매장사업에 있어서는 새로운 상품을 탐색하고, 고객을 분석하고, 상품 회전율을 분석하여 상품을 구매하는 등의 점주의 부지런함이 성공의 포인트이다.

캐릭터종류는 그 탄생경위에 따라 분류될 수도 있고, 생명력이나 인지도의 길고 짧음에 따라 장기캐릭터(혹은 롱런캐릭터)와 타임성 캐릭터로 구분되기로 한다.

꾸준한 인지도를 가진 롱런캐릭터에 비해 타임성 캐릭터의 상품사업의 방향은 타겟 연령층에 적합한 상품을 순발력 있게 전개해야 하는 등 상품에 적용되어질 캐릭터의 종류에 따라 사업포인트가 달라지는 것이다.

내 상품에 맞는 캐릭터를 선택하기 위해서는 우리회사 상품의 주 고객층과 그들이 좋아할 수 있는 캐릭터를 선택해야 할 것이며, 롱런캐릭터가 적합한지 타임성 캐릭터가 적합한지를 판단하고 지불할 수 있는 로얄티 수준에 맞는 캐릭터를 선택하여야 한다.

캐릭터를 필요로 하는 제조사들은 해당상품의 제조, 유통에는 전문성을 가지겠지만 브랜드나 캐릭터에 대한 전문성은 떨어질 수밖에 없는 것이 당연하므로 '내가 만들어 쓰겠다' 는 생각보다는 내 상품에 적합한 캐릭터를 선택할 수 있는 안목을 길러야 하겠다.

이런 점에 도움을 주기 위해 유명캐릭터 적용의 장단점, 로얄티의 지불방법과 적정 로얄티 수준, 자체개발 캐릭터의 위험성 등에 대해 의견을 기술하였다.

아무리 잠재가치가 높은 캐릭터를 보유하고 있다하더라도 마케팅이란 과정을 잘 활용하지 못하면 수익창출이라는 기업의 궁극적인 목표달성을 할 수 없다. 캐릭터가 필요한 회사에 자신의 캐릭터에 대한 특징과 예상 효과, 로얄티 수준 등 알리고, 필요한 정보를 효율적으로 제공하여 궁극적으로는 계약에 이르는 일련의 영업활동을 캐릭터(라이센싱)마케팅이라고 한다.

캐릭터 마케터가 주지해야 할 몇 가지를 지적하면

첫째, 캐릭터 마케팅의 목적은 캐릭터를 알리는 것이 아니고 수익을 창출하는 것이며,
둘째, '제안-미팅-제안'의 연속이 아니라 'PLAN-DO-SEE'의 끊임없는 노력이 중요하다. 캐릭터를 다양한 경로로 라이센싱하거나, 다양한 사회적 활동을 통하여 인지도를 확산시키는 목적은 수익을 극대화하기 위한 것임을 잊지 말아야 한다.

앞으로의 세상은 아무리 생각해도 소득수준이 높아지고 문화산업이 발달할 수 밖에 없다고 생각한다. 캐릭터 산업도 넓게는 문화산업이며, 그래서 거꾸로 가지 않는 산업이라 하는 것이다. 거꾸로 가지 않는다는 것은 시대적 트렌드(trend)에 적합한, 성장산업이란 뜻이다.

그러나 최근 많은 캐릭터 관련 기업들이 도산하거나 어려워하고 있는데, 이는 캐릭터 사업이 만만한 사업 또는 너나없이 덤벼들던 맹목적인 성장산업이 아니란 걸 말하고 있는 것이다. 캐릭터 사업은 돈도 있고, 끼도 있고, 머리도 있어야 하는 '종합 예술적인 사업'이다. 이들 중 하나의 요소가 부족하면 열정이란 요소로 채울 수는 있으나, 그 열정은 또 다른 요소인 인내와 결합되어야 성공의 빛을 볼 수 있는 것이다.

소규모의 다수를 이루고 있는 캐릭터관련 기업들은 자신의 경쟁력 있는 부문을 특화하여 자생력 확충에 최선의 노력을 경주하기를 바란다. 다른 시각으로 성장전망이 큰 사업이라면 그 사업체 안에 있는 개개인은 실력만 탄탄하면 개인적으로 성공할 확률도 높아진다는 이야기도 될 것이다. 캐릭터분야에서 성공하려는 젊은이에게는 중간과정을 거쳐서 완성단계에 이르려는 자세와 수단과 목적을 혼돈하지 말고 진정으로 노력하길 당부하였다.

캐릭터 사업은 그것을 수행하는 사람에 따라 성과가 크게 달라지는 사업 중의 하나이다. 특히 캐릭터 사업 경영자들은 창의적인 사고를 성과로 도출하는 독특한 경영을 생각해야 한다. 21세기 또 하나의 비전, 캐릭터 사업이 '어려운 사업'이 아니라 진정으로 '전망있는 사업'이 되기 위해서는 캐릭터가 가지고 있는 다양성과 연관 콘텐츠사업에 대한 이해와 노력 위에 캐릭터 사업에 적합한 경영을 실행해야 할 것이다.

Chapter 01
캐릭터와 캐릭터 사업의 일반론

게임, 애니메이션, 만화 등과 같은 산업을 콘텐츠산업이라고 하며,
이러한 각종 콘텐츠의 등장인물 요소를 캐릭터라고 하거나 그러한
콘텐츠에는 등장하지 않더라도 커뮤니케이션 수단으로 창작된 그러한
것들을 캐릭터라고도 한다.
따라서 캐릭터산업이란
이러한 캐릭터를 활용한 사업을 말하는 것이다.
캐릭터 사업의 유형으로는 캐릭터를 개발하는 사업과
개발된 캐릭터를 라이센싱하는 사업
그리고 캐릭터를 활용하여 상품을 제조하는 사업으로
크게 나누어 볼 수 있다.
캐릭터 사업은 어쩌면 '돈! 돈! 하면 돈이 도망가고,
열심히 하다보면 돈이 되는'
그런 희한한(?) 사업 중의 하나다.

Section 01 캐릭터란

　광의적으로 해석되는 캐릭터란 영화, 만화, 소설, 상품, 인터넷 등 각종 매체에 등장하여 독특한 개성이나 이미지를 갖고 있는 가공의 인물이나 의인화된 동물, 식물, 로봇 등을 말한다. 상업적으로 캐릭터라고 할 수 있는 것은 단순한 그림의 범주에서 벗어나 '생명력을 갖춘 형상'을 의미한다.

　생명력이 있다는 것을 글로 표현하기에는 어렵지만 디자인에 있어서 특성이 강하거나 이름, 성격, 목소리, 행동 등에 개성이 독특하여 흥미를 끌 수 있거나 대중들과의 친밀도가 높아 상품화할 수 있는 가치가 있는 것으로 표현할 수도 있을 것이다. 다시 말해 생명력이 없고, 상품화할 가치가 없는 캐릭터는 진정한 의미의 캐릭터라고 할 수 없다.

　캐릭터의 종류는 상품이나 캐릭터 사업을 목적으로 탄생된 일러스트 캐릭터 혹은 머천다이징 캐릭터에서부터 각종 지방자치단체의 홍보용 캐릭터, 게임 캐릭터, 애니메이션 캐릭터, 만화 캐릭터 등 그 출처에 따라 다양하게 분류될 수 있고, 생명력 혹은 인지도의 기간에 따라 장·단기 캐릭터로 분류하기도 한다. 캐릭터의 출처야 어떻든 상품과 다양한 매체를 통해 일관된 아이덴티티(Identity)가 지속적으로 유지될 때 상업적 의미에서의 가치를 가질 수 있다.

  캐릭터의 정의에 대해 쉽게 표현한다면 게임, 애니메이션, 만화 등과 같은 산업을 콘텐츠산업이라고 하며, 이러한 각종 콘텐츠의 등장인물 요소를 캐릭터라고 하거나 그러한 콘텐츠에는 등장하지 않더라도 커뮤니케이션 수단으로 창작된 그러한 것들을 캐릭터라고도 한다.
  따라서 캐릭터산업이란 이러한 캐릭터를 활용한 사업을 말하는 것이다.

Section 02 캐릭터 사업의 유형

 캐릭터 사업의 유형으로는 캐릭터를 개발하는 사업과 개발된 캐릭터를 라이센싱하는 사업 그리고 캐릭터를 활용하여 상품을 제조하는 사업으로 크게 나누어 볼 수 있다.

> **캐릭터 사업의 유형**
> 캐릭터 기획·개발사업(PLAN, CREATIVE, DEVELOPMENT)
> 캐릭터 라이센싱사업(LICENSING BUSINESS)
> 캐릭터 상품화사업(MERCHANDISING)

 근래에 캐릭터는 권위주의적이며 기호적인 심볼과 마크, 로고 등으로 이루어진 CI(Corporate Identity)나 BI(Brand Identity)의 단점을 극복하고 보다 친근하고 직접적이며 즉시적인 이해력을 가진 커뮤니케이션 수단으로 주목받고 있다.

 캐릭터개발사업은 기업, 단체 또는 각종 행사나 상품 등에서 필요로 하는 각각의 목적 및 용도에 부합되는 캐릭터를 개발하여 공급하는 사업이며, 주로 캐릭터개발 디자이너를 중심으로 운용되고 있다.
 2002년 이후 국산캐릭터가 다양화되면서 프리랜서형태 또는 소규모기업형태로 활발히 창업이 이루어졌으나 체계적인 조직구성과 장기적인 사업구도를 갖지 못하면서 기업으로서의 연속성이 떨어지고 있다.

발주업체의 입장에서는 가격위주의 경쟁구도가 품질을 낮출 수 있고, 다양한 캐릭터 중 선별하여 사용하는 노력이나 자사의 상품에 적합한 캐릭터를 선별하는 안목이 중요하다.

캐릭터개발업자에게 필요한 캐릭터를 발주하여 일정한 대가를 지불하고 그 소유권을 이전 받는 경우에는 주로 상품에 활용하거나, 홍보 등에 직접 활용하기 위한 경우가 대부분이다.

그러나 개발된 캐릭터를 다양한 상업적인 용도로 활용하기 위해서는 소유한 저작권자 또는 회사에서는 그 캐릭터의 사용권을 임대해 주는 이른바 라이센싱사업을 하고 있다.

캐릭터 라이센싱사업(LICENSING BUSINESS)이란 캐릭터의 상품화 권리를 타인(상품제작업자, 판매유통업자 등)에게 허락하며 그 대가(로열티)를 지불 받는 사업이다.

현재는 만화나 애니메이션의 캐릭터 이외에도 첨단 멀티미디어를 이용한 가상스타의 초상권 라이센싱사업과, TV나 영화에 등장하는 스타와 스포츠 선수 등 대중의 우상이나 실존 인물스타의 초상권을 라이센싱하는 방법까지 사업전략이 다양하게 발전되고 있고, 저작권이나 초상권을 가진 자가 직접 라이센싱을 하기도 하지만 타인이 대행하기도 한다.

캐릭터를 자체개발 또는 상품화권 사용료를 지불하고 사용이 허락된 캐릭터를 이용하여 상품을 직접 디자인, 제작, 판매, 유통하는 사업형태 '를 캐릭터 상품화사업(MERCHANDISING)' 이라 한다.

최근 캐릭터의 활용범위가 넓어지면서 캐릭터 상품화사업업체가 아닌 경우에도 캐릭터의 상품화권을 활용한 캐릭터 상품을 많이 출시되고 있는데 점점 그 시장규모가 커질 것으로 예상된다.

기업에 따라서는 이들 세 가지 방법을 겸하기도 하며, 이중 한 가지로 전문화하기도 하는 형태로 사업이 행해지고 있는 것이 일반적이다.

Section 03 왜 캐릭터가 필요한가?

요즘 소비자들의 요구가 다양해지고, 자유무역에 의해 국가간 상품의 이동이 원활해지면서 더 많이 팔기 위한 상품간의 경쟁이 치열해 지고 있다. 단순히 기능이나 품질이 좋기만 하면 팔렸던 시대가 있었고, 브랜드만 좋으면 특별한 품질이 아니어도 팔기가 쉬운 시대도 있었다.

다양한 고객의 요구와 자유무역시대를 맞아 전 세계 상품이 경쟁의 대상이 되면서 품질, 디자인, 가격, 서비스[1]가 동시에 만족되어야 경쟁력을 확보할 수 있게 되었다.

언젠가 '유통업계의 캐릭터 전쟁'이라는 기사를 본적이 있는데 소비자들의 다양한 요구는 상품에 있어서 디자인적인 요소, 재미의 요소, 친근감의 요소 등도 요구하게 된 것이다. 캐릭터의 사용효과는 다소 전문적인 용어로 커뮤니케이션효과, 시장확장성효과, 상품유지성 효과, 판매증대효과로 말할 수 있겠다.

커뮤니케이션효과

커뮤니케이션효과라고 하면 어떤 상품에 캐릭터를 적용한 경우

---

[1] 좋은 품질, 디자인, 가격, 서비스를 추구하는 것을 이른바 4G (Good quality, Good design, Good price, Good service)라고도 한다.

그 디자인만 보면 쉽게 그 상품의 사용처나 내용물을 알 수 있고, 딱딱한 문장으로나 일반적인 그림으로서 설명되어지는 것보다 커뮤니케이션 효과가 우수하다는 것이다.

예를 들어 어느 시(市)나 도(道)의 경계선에 '어서 오십시오, 안녕히 가십시오'라고 안내판이 쓰여졌다고 상상해 보자. 그냥 글자만 표기한 경우, 해당 시장의 얼굴이 글자와 함께 표기된 경우, 그 지역의 특산물이나 지자체 캐릭터가 인사하거나 웃는 모습으로 글씨와 함께 표기된 경우를 상상해 볼 수 있을 것이다.

이와 같이 캐릭터를 사용하면 캐릭터의 최소한의 부가가치인 커뮤니케이션 효과를 얻을 수 있는 것이다. 다시 말해 딱딱하지 않고, 선입감 없이 해당 표지판의 전달하고자 하는 목적을 부드럽게 달성할 수 있는 것이 커뮤니케이션효과이다.

그리고 말(언어)로써 장황하고 딱딱하게 설명할 수밖에 없는 제품의 기능이나 특성도 시각적인 캐릭터를 활용함으로써 더욱 부드러운 이미지로 소비자 또는 고객에게 전달하고자 하는 내용을 잘 전달할 수 있을 것이다.

캐릭터를 사용하는 커뮤니케이션 수단으로서의 효과는,

- 캐릭터를 사용함으로써 주목, 인지, 이해, 기억 등의 인지적 효과
- 친근감을 불러일으키는 정서적 효과
- 캐릭터의 개성을 통해 기업이나 제품에 특정한 이미지를 부여하거나 부각시키는 이미지효과 등을 포함하고 있다.

시장확장성 효과

　시장확장성 효과란 일반상품에 캐릭터를 적용한 경우 이는 캐릭터 상품이 되어 그 판매영역이 다양화된다는 의미이다.

　나는 2000년경에 학생들이 학교에서 흔히 사용하는 실내화를 캐릭터 상품화하여 최근에는 거의 모든 실내화가 다양한 캐릭터를 적용하게 된 계기를 만든 적이 있는데 이전의 캐릭터가 없는 흰색 실내화는 신발가게나 문방구에서만 유통된 것에 비해 이후의 캐릭터 실내화는 팬시점, 캐릭터 상품매장, 아동의류매장 등으로 판매경로가 확장되었다.

　예를 들어 김치에 캐릭터를 적용할 경우 식품이 캐릭터 상품으로 변하면서 식품점에서만 취급되어지던 김치가 더욱 다양한 경로를 통해 유통될 수 있는 것이다.

상품유지성 효과

　상품유지성이란 유사한 상품의 난립시 특정 캐릭터 상품은 생명력이 있는 캐릭터를 매개로 하여 소비자에게 별도로 인식될 확률이 높아 유사상품의 품질저하나 유통질서문란에 대해 경쟁력을 가질 수 있으며, 캐릭터라는 또 다른 저작권이 상품에 부과되어 유사상품의 발생을 줄일 수 있는 효과가 있다.

판매증대 효과

　판매증대효과란 말 그대로 이상의 효과와 캐릭터의 인지도 등에 의해 판매회전율이 증대되거나, 매출액이 증대되는 효과가 있는 것이다. 캐릭터가 가지고 있는 부드럽고 친근한 이미지나 재미요소가 소비자들의 상품구매에 강하게 어필할 수 있기 때문에 상품의 기능이나 특성보다는 캐릭터를 주목하여 구매패턴이 변화할 수도 있다.

방송을 통해 알려지는 일부 타임성캐릭터[2]의 경우 인기도가 높은 시기의 어린이 상품의 매출은 절대적으로 어떤 캐릭터를 채택하였는가에 의존하는 경우는 쉽게 볼 수 있을 것이다.

한편 캐릭터의 일반적인 적용효과를 논할 때 다음과 같은 다섯 가지 기능으로 구분하여 설명할 수 있다.

- 브랜드 기능
- 커뮤니케이션 기능
- 프로모션 기능
- PR 기능
- 이미지개선 기능

이러한 캐릭터의 사용효과 때문에 기업이나 상품에 캐릭터가 필요하다고 할 수 있으며 특히, 소비자들에게 신제품을 빨리 인식시키고자 할 경우, 유사상품과 차별화가 필요한 경우, 경직된 이미지를 가지고 있는 기업이나 단체가 별도의 프로모션 없이 부드럽고 친근한 이미지를 얻고자 하는 경우에 캐릭터는 아주 유용한 소재가 될 것이다.

때로는 캐릭터가 '브랜드'이며, '모델'이며, 가장 강력한 '디자인 요소'이다.

---

2) 시간이 지남에 따라 그 인지도나 인기도가 점차 쇠퇴하는 캐릭터를 일컬으며, 주로 방송용 애니메이션 캐릭터의 경우 방영이 종료되고 일정 시간이 지나면 상업적 가치가 쇠퇴하는 캐릭터이다. 이런 캐릭터들은 주로 인지도가 있을 시기에 완구나 어린이 상품 위주로 상품화되며, 생명력이 짧다.

Section 04 돈벌이로써의 캐릭터 사업

캐릭터 사업이 돈이 되는가?

어떤 사업도 돈과 관계없이 순수한 목적으로만은 한계가 있다. 비록 출발은 하고 싶어하고, 좋아서 하더라도 수익성이 없이는 제대로 될 수 없는 게 당연하다. 그런데 캐릭터 사업은 어쩌면 '돈! 돈! 하면 돈이 도망가고, 열심히 하다보면 돈이 되는' 그런 희한한(?) 사업 중에 하나다.

상품사업에서 있어서도 부지런히 신상품을 탐색하고, 회전율을 분석하여 새로운 상품의 개발방향을 확립하는 일부터, 고객입장에서 상품을 평가하는 일을 게을리 하지 않는 노력들은 어느새 이윤으로 발생되거나 또 다른 사업의 기회를 맞게 해줄 것이다.

캐릭터를 양성하여 라이센싱을 주로 하는 회사는 단기적인 수익 추구 보다는 꾸준한 마케팅활동과 끈기 있게 생명력 부가 활동을 추구하다 보면 어느새 '우리 캐릭터가 이 정도는 됐구나' 하는 위치에 있을 것이다.

캐릭터 사업의 또 하나 특징은 돈이 많다고 잘되는 사업은 결코 아니라는 점이다.

뒤에서 언급할 것이나 창의력을 바탕으로 하는 사업이므로 창의력을 성과로 도출하여 유연한 의사결정을 필요로 하는 사업이다.

그렇다고 돈 없이 열정만으로 종합적인 캐릭터 사업을 할 수는 없다. 자본이 부족하면 처음부터 욕심을 부리지 말고 성실과 실력으로 꾸려갈 수 있는 사업부터 추진하는 것이 중요하다.

캐릭터산업이 문화콘텐츠 산업 중 핵심적인 사업이고, 시대적으로도 거꾸로 가지 않는 산업이라면 분명 사업전망은 밝다고 할 수 있다. 그리고 캐릭터 사업의 또 다른 특징 중에 하나는 일반적인 사업공식의 틀에 사업의 논리를 맞춰 넣기 힘든 면이 있으나, 일단 경쟁력이 확보되고 나면 공식과 관계없이 돈이 되는 사업이라고도 할 수 있다.

나는 지금까지 상당한 금액을 캐릭터를 개발하고, 생명력을 부여하는 작업에 투자해 왔는데, 하나의 캐릭터가 생명력을 갖고 장기적으로 부가가치를 창출할 수 있다는 것은 '낙타가 바늘구멍에 들어가는 것만큼이나 어려운 일'이다.

그러나 그 낙타가 바늘구멍을 통과해서 지속적으로 그리고 국경을 넘어 라이센싱되고, 상품화된다고 보자. 아마 공식에 넣기 어려운 구조로 수익이 증가할 수 있을 것이다. 나도 이러한 사업적인 비전을 두고 언젠가 '그 투자액이 수 천 배 정도는 되어 돌아 올거야'라고 예상하고 노력하는 경영자이지, 단기적인 부동산 투자나 주식 투자를 못해서 캐릭터 사업에 투자하는 것은 아닐 것이다.

그러나 바늘구멍을 통과하는 낙타는 아주 드물다는 것도 알아야 한다. 이미 내수시장규모면에서 수 조원의 캐릭터시장이 형성되는 걸 보더라도 캐릭터관련분야가 하나의 성장산업으로 자리를 잡아가고 있다. 이미 그 중의 일부 역할을 하고 있는 기업도 있고, 이제 시작하려는 사람도 있을 것이다. 아무리 전망이 좋은 어떤 사업도 저절로 유행을 타서 돈벌이가 되지는 않는다. 참여하고자 하는 분야에 경쟁력을 확보하고자 노력하고, 수출시장 까지 멀리 내다보는 안목을 기른다면 캐릭터 사업이 '돈이 되고 오래 할 수 있는 사업'이라고 믿는다.

Section 05 캐릭터 산업의 특징과 성장 전망

　캐릭터 산업은 문화콘텐츠사업중의 한 분야이면서 다양한 콘텐츠 산업의 목표산업이다. 그리고 21세기 마케팅 키워드인 1318, 모바일, 키덜트(Kids+Adult), Digital의 근간을 이루는 산업이다.
　문화콘텐츠 산업의 기본적인 특성은 소득수준이 성장함에 따라 동반 성장하는 산업이며, 국제화가 급속히 진전되고 매스컴이 발달함에 힘입어 유행화가 빠르게 진행된다는 특성이 있다.
　이러한 문화콘텐츠 산업의 특성에 기초한 캐릭터 산업은 어린이 및 1318세대에 특히 소구되는 산업으로 전반적인 경기침체에 민감하지 않으며, 지속적인 성장세를 특징으로 하고 있다.

　우리나라의 캐릭터 산업의 특징으로는
　첫째, 해외 캐릭터 중심으로 라이센싱 시장이 활성화되어 있고, 국내 캐릭터에 대한 인식은 상승하고 있으나, 장기 성장 가능한 종합적인 캐릭터는 부족하며,
　둘째, 다양한 경로를 통하여 생명력 있는 캐릭터 발굴이 어렵고,
　셋째, 캐릭터 전문 사업 진행에 있어서 대기업은 의사 결정구조가 복잡하여 발 빠른 의사 결정을 하기 어렵고, 중소기업은 전문성이 확보되어도 자금이 부족하다.

넷째, 캐릭터 사업자가 캐릭터에 관한 종합적인 경험이 부족하며 특히, 장기적 안목의 마케팅전략과 전문인력 부족하다.

다섯째, 캐릭터 산업의 시장규모가 급속도로 성장하고 있다.

문화관광부에서 발표한 캐릭터 산업백서에 의하면 2002년에 이미 4조원의 시장규모를 형성하고 있는 것으로 조사된 바가 있다. 그리고 2000년대를 기점으로 국산 캐릭터의 선호도가 높아지고 있으며, 소비상품부분에서도 가전, 전자 제품 등 적용되는 카테고리의 확대추세에 있다.

이러한 현상은 정부의 CT(Culture Technology)산업 육성의지와 맞물려 지속적인 성장을 거듭할 것으로 전망된다.

캐릭터산업의 특징과 성장전망
- 디지털콘텐츠 산업의 기초산업이자 핵심성장산업임.
- 21세기 마케팅 키워드인 1318, 모바일, 키덜트(Kids+Adult), Digital의 근간을 이루는 산업
- 캐릭터산업은 문화콘텐츠 산업의 펀더멘탈 요소인 동시에 모든 콘텐츠 산업의 가치를 창출하는 결과산업(게임, 애니메이션, 만화 등 문화콘텐츠 산업의 목표산업)
    - 국산캐릭터의 선호도가 외산 캐릭터에 비해 높아지는 추세
    - 소비상품부분에서 가전,전자 제품 등 적용되는 카테고리의 확대추세
    - 정부주도 적극적인 캐릭터산업의 육성 지원체계

Chapter 02
캐릭터 개발부문

캐릭터 산업은 다양한 콘텐츠 산업의 기본요소이자 목표산업이므로 그 설정에서부터 특히 상품화를 염두에 두고 적합한 모양이나 색감을 설정해야 한다. 성장가능성 있는 캐릭터를 설정하기란 매우 어려운 일이라서 많은 캐릭터를 설정하여 그 중에서 객관성있게 골라내어야 한다. 성장 가능성이 없는 캐릭터에 아무리 정성과 비용을 쏟아부어도 끝내 생명력을 갖지 못하는 것은 '모래위에 집을 지었기 때문' 이다.

창의력 있는 개발자의 그림을 경험과 안목이 있는 경영자의 의견을 절충해서 가다듬고, 비용을 들인 객관적인 분석을 거칠 때 비로소 성장가능성을 체크할 수 있는 것이다. 적어도 하나의 생명력 있는 캐릭터를 창조하고자하는 개발디자이너가 되기 위해서는 단순히 컴퓨터 프로그램을 운영하는 스킬보다는 캐릭터의 활용범위, 상품의 특징, 유통현상 그리고 다양한 콘텐츠의 특징과 OSMU(One Source Multi Use)의 진정한 의미 등에 대해 현실성 있게 뒤집어 볼 수 있는 안목이 무엇보다 중요하다.

Section 06 캐릭터 산업의 정의와 캐릭터 개발시 고려할 점

일반적으로 우리가 알고 있는 캐릭터라는 것은 애니메이션이나 만화, 게임의 구성요소로 친숙해 있다. 물론 탄생배경에 따라 상품으로 알려져서 캐릭터로 인식하고 있는 것도 있고, 인물을 형상화한 캐릭터 등도 있지만 캐릭터 사업에 주로 소요되는 캐릭터는 전자에 속하는 것이다.

통합적으로 일컫는 문화콘텐츠 산업 안에는 각각의 만화산업, 캐릭터 산업, 애니메이션산업, 음악산업, 영화산업 등으로 세분할 수 있는데 그 중 캐릭터 산업과 밀접한 연관성을 갖는 산업은 만화, 애니메이션, 게임 등이라고 할 수 있다.

흔히 예를 들 수 있는 만화, 애니메이션, 게임의 주인공 캐릭터들이 캐릭터 사업의 절대적인 구성요소인 것이다. 설사 일러스트로 개발된 캐릭터도 생명력을 갖춰가면서 혹은 커뮤니케이션 과정을 심화하면서 만화, 애니메이션, 게임, 출판 등의 장르에 요소화되기도 한다.

이러한 특징을 다시 말하면 캐릭터 산업은 각각의 만화, 애니메이션, 게임산업의 목표산업이면서 밀접한 연관성을 갖는 것이다. 이는 애니메이션은 그 자체로서의 영상권을 중심으로 한 판권사업이 일차적인 수익원이라면 궁극적으로는 그 주인공인 캐릭터를 활용하는 사업으로써 더 큰 이익을 창출할 수 있기 때문이다.

우리나라 애니메이션 산업은 한때 문화적으로 성숙한 선진국의 하청산업으로 꽤 큰 볼륨을 형성해 오다가 최근 중국, 베트남 등 저인건비국의 등장에 의해 가격경쟁력을 상실하면서 비로소 창작물 개발중심으로 사업변화를 시도하고 있다.

그러나 그 창작물들이 흥행에 실패하거나 캐릭터 사업으로 발전하지 못함으로써 큰 애로를 겪고 있다. 나는 이러한 현상의 가장 큰 요인으로 수 십억이 투자되는 애니메이션의 구성요소인 캐릭터의 설정을 소홀히 한 탓이 크다고 생각한다. 하청사업에 익숙해진 제작 기획력은 캐릭터 사업으로 발전될 수 있는 경쟁력 있는 캐릭터를 설정하지 못하고 있는 것이다.

요약해서 말하면 캐릭터 사업에서 경쟁력 있는 캐릭터는

첫째, 상품에 적합한 모양이나 색감을 선택해야 할 것이며,
둘째, 모바일, 이카드(e-card) 등과 같은 매개물로써 커뮤니케이션역할에 부담이 없도록 설정되어야 할 것이다.

최소한 수 십억이 소요되는 애니메이션을 제작하면서 어쩌면 가장 중요하고, 기본적이라 할 수 있는 캐릭터 설정에는 단 얼마간의 예산도 반영하지 않고 내부 기획자의 손으로 뚱땅거리는 것이 얼마나 무모한 것이며, 그러고도 그 애니메이션이 캐릭터 사업으로 성장

할 수 있기를 바란다면 확률적으로 너무 낮은 비즈니스 게임을 하지 않나 생각한다. 이렇듯 캐릭터는 그 용도가 어디든 초기 설정이 매우 중요하다.

설정자체가 상업적이지 못하고, 활용도나 표현방식에 있어서도 제한적으로 설정된 캐릭터를 아무리 심화하고 투자한들 헛수고를 할 확률이 높은 것이다. 따라서 캐릭터는 살아 있는 생명력으로 이야기를 이끌어 갈 주인공으로서 부족함이 없도록 그 형태나 성격을 범시대적으로 잘 설정해야 할 것이며, 특히 상품화에 적합하도록 초기에 잘 설정되어야 한다.

우리의 기억에서 사라지는 캐릭터를 분석함으로써 여러 가지 시사점을 발견할 수 있을 것이다. 시대의 흐름을 주 성격으로 하는 캐릭터- 예를 들어 엽기적인 캐릭터-는 시대의 변화에 따라 자연적으로 소멸될 가능성이 높은 것이며, 상품에 적합하지 못한 색상을 구사한 캐릭터나 입체성(3D)이 어색한 캐릭터는 그 발전이 제한적일 수밖에 없는 것이다.

Section 07 성장성 있는 캐릭터는 많은 캐릭터 중에 골라라

나는 이제껏 제조사들이 간단한 논리로 얼마 얼마를 지불하고 개발했다는 캐릭터가 제대로 활용되는 사례를 본 적이 없다.

작게는 몇 백 만원 크게는 몇 천 만원 주고 개발한 캐릭터를 처음부터 디즈니의 캐릭터와 동일하게 활용하려는 욕심에 회사 스스로가 캐릭터의 의미를 잃어버리는 경우가 대부분이다. 창의성을 바탕으로 한 작업이란 말 그대로 어떤 방향으로 그 작업의 결과물이 나올지 모르는 사업이며, 어려운 사업이다.

1개의 캐릭터를 개발·의뢰하고, 전문성 있는 관점으로 이를 판단하지 못하는 입장에서 그 1개의 개발된 캐릭터를 받아들여 상품에 적용하는 것은 대단히 위험한 일이다. 이러한 현상은 일본이나 미국에서는 흔하지 않는 일인데 우리나라에서는 많이 볼 수 있다. 그러한 캐릭터들이 최소한의 디자인 요소로서의 역할에라도 충실한지를 되돌아 보고, 지속적인 활용을 장담할 수 있는지 냉정하게 따져보라!

뒤에 구체적으로 언급하겠지만 잘못 적용한 캐릭터는 경쟁력향상은 커녕 심지어 판로를 막아 버리는 결과를 낳기도 한다. 하나의 캐릭터가 생명력을 갖추어 상업적인 가치를 발휘하기는 대단히 어려운 것이며, 그래서 지금도 수없이 투자된 수많은 캐릭터들이 기억에서 없어지고 있다. 성공할 확률을 높이려면 많은 캐릭터 중에 고르라는 말은 너무나 당연한 이야기지만 실천하기도 매우 어려운 이야기이다.

직접하든 위탁을 하든 창의성 있는 개발인력이 시간과 비용을 지속적으로 투입하여 얻은 결과물들을 여러 가지 관점에서 성장가능성을 평가하여 선택하는 것이 실패할 확률을 줄여 줄 것이며, 궁극적으로는 효율적인 캐릭터 선택 방법일 것이다. 많은 캐릭터 중에 선별되지 않은 캐릭터는 상품화와 같은 중대한 요소에 적용할 것이 아니라 고객과의 커뮤니케이션을 유순히 하는 요소로 활용하면서 앞으로 개발할 많은 캐릭터중의 하나로 생각해 준다면 큰 실패를 막을 수도 있을 것이다.

Section 08 캐릭터의 이름이 중요하다

잘 알려진 캐릭터들을 보면 이름이 이상하거나 어색한 캐릭터는 없다. 익숙해져서 어색함이 사라졌다고도 볼 수 있으나, 캐릭터의 형상과 함께 그 이름은 고객들과 접촉하는 가장 일차적인 통로이다.

사람의 이름을 짓는 것처럼 어떤 방법이 있는 것도 아니고 이 또한 작가의 창의성에 의해 어떻게 지어졌을 것이라고 쉽게 생각할 수 있지만 굉장한 고민 끝에 명명되어지는 것이다.

나의 경우를 예를 들면 여러 가지 방법을 동원하곤 했던 기억이 있다. 우리회사에서는 당시 캐릭터개발 디자이너가 약 7~8명 있었는데 전술한 것처럼 일정한 기간동안 많은 캐릭터를 개발하면서 개발당시의 관점으로 괜찮다 싶으면 다소 심화하여 응용동작을 개발하는 방식으로 여러 가지 캐릭터를 확충해 갔다.

몇 장의 응용동작과 색상, 성격정도를 정의할 수준의 단계에서는 개발자가 명명한 이름을 그대로 명명하여 발전가능성을 체크하고, 일정수준의 발전가능성을 점검한 캐릭터는 다양한 방식으로 명명하여 그 캐릭터의 성격에 부합하면서 부르기 쉽고, 국제성을 띌 수 있는 이름으로 최종 선정하였다.

기본적으로는 전체 직원들에게 공모를 하고, 개발팀과는 내가 직접 브레인 스토밍식의 회의를 해가며 제안된 이름을 다양한 방법으로 점검하였는데 각종 사전은 물론 세계 스포츠 인명사전, 위인 인명사전 등도 동원했다.

초기에는 제안된 이름의 다수결투표에 의한 방식으로 채택도 해봤는데 캐릭터의 성격, 국제성, 스펠링, 발음, 기등록 저작권 명칭 등을 종합적으로 고려하기 위해 특히 중요하다고 생각되는 캐릭터의 최종적인 명명은 외부의견을 감안한 약간의 나의 독선(?)으로도 결정한 적이 있다.

사람의 이름이 한번 결정되면 평생 그 사람의 호칭이 되어 중요하다면, 캐릭터는 사람의 대를 넘어 그 생명력이 있는 한 더 많은 사람의 입에 오르내리는 이름이기 때문이다.

Section 09 성장가능성 있는 캐릭터의 중요성

하나의 캐릭터를 지속적으로 사업화한 사례가 있는가 하면, 하나를 아무리 붙잡고 노력해도 세월만 가고 지지부진해 사업자가 지쳐지고 점차 그 캐릭터가 사람들의 기억에서 사라지는 경우를 볼 수 있다. 성장가능성 있는 캐릭터를 설정하기란 매우 어려운 일이라서 많은 캐릭터 중에 객관성 있게 골라내라고 말한 것이다. 기초적인 설정이 잘된 캐릭터가 주인을 잘못 만나 발전하지 못한 사례는 거의 없다고 본다. 즉, 오랜 세월 동안 개발자의 가슴앓이에도 불구하고 발전하지 못하는 캐릭터는 설정자체가 잘못되어 있을 확률이 높은 것이다.

내가 개발한 캐릭터를 내가 판단하는 것은 당연하지만 객관적인 조사와 감각을 통해 객관적인 성장가능성을 판단해야 한다. 성장 가능성이 없는 캐릭터에 아무리 정성을 쏟아도 끝내 안 되는 것은 '모래 위에 집을 지었기 때문' 이다. 그냥 캐릭터 그리기를 좋아해서 그린 그림이 성장가능성이 있다고 하기보다는 그 개발자가 색채학, 상품들과의 결합성, 입체감 등을 예측하고 그 성격을 잘 부여하여 하나의 생명으로 발전시킬 수 있을 때 성장성 있는 캐릭터일 확률이 높아지는 것이다.

그래서 창의력 있는 개발자의 그림이 경험과 안목 있는 경영자의 의견을 절충해서 가다듬고, 비용을 들인 객관적인 분석을 거칠 때 비로써 성장가능성을 체크할 수 있다고 본다.

나는 많은 디자이너들을 상대해보면서 창의성 있는 사람은 분석력이 떨어지거나 그 반대로 분석력이 있는 사람은 창의성이 부족한 경우를 종종 보기도 한다. 모래 위에 집을 짓지 않으려면 경험 있는 사람의 분석력과 캐릭터 산업의 전반적인 이해력을 내 캐릭터에 비춰 판단할 수 있는 겸손함이 반드시 필요하다.

Section 10 캐릭터의 종류별 특징

캐릭터의 기본 형상에 따라 인물 캐릭터와 동물캐릭터 등으로 분류하기도 한다.

인물 캐릭터는 만화, 게임, 애니메이션의 등장인물로서 설정된 콘텐츠캐릭터와 연예인, 스포츠맨, 정치인 등의 인물 캐릭터로 나눌 수 있다. 대개 인물 캐릭터는 동물캐릭터에 비해 상업적 활용도와 지속성이 떨어지는 것이 일반적이다. 물론 콘텐츠의 인물요소인 '짱구는 못말려'의 짱구의 경우는 그 스토리가 재미있어 일부상품에 적용되긴 하지만 동물캐릭터에 비해 적용범위가 제한적이고, 애니메이션의 지속적인 개발과 방영하에서 활발한 활용이 전제되는 포물선의 생명주기곡선을 가진 캐릭터라고 판단된다.

인물 캐릭터의 경우도 상품에 적용하기에는 제한적인 요소가 많으며, 지속성이 떨어진다. 이에 반해 동물캐릭터는 그 출생성분이 어디든 많은 성공사례를 볼 수 있는가 하면 그 지속성도 크다.

이러한 캐릭터는 게임, 만화, 애니메이션의 등장요소로 설정되거나 나중에는 여타의 콘텐츠로 발전되지만 캐릭터 그 자체를 활용하기 위해 일러스트캐릭터로 개발되기도 하는데 비교적 해당 동물의 성격이나 특징을 재미있는 이야기로 잘 표현한 것이 발전적이다.

그러나 이야기를 위해 임의적으로 설정한 이른바 세상에 존재하지 않는 캐릭터를 설정하기도 하는데 이는 전자의 동물캐릭터에 비해 생명력이 적음을 볼 수 있다. 캐릭터를 개발할 때 이러한 캐릭터의 현상들을 분석하고 해당 콘텐츠에도 적합하면서 생명력도 길 수 있는 캐릭터의 설정이 중요하다고 하겠다.

Section 11 성공하는 캐릭터 디자이너의 자세

캐릭터는 특정한 목적을 두고 개발할 때 실패 확률이 높다. 새로운 생명을 탄생시키는 순수한 마음으로 작업에 임해야 하며, 활용할 분야에 맞는 색감이나 성격을 부여하고, 의인화의 대상을 잘 선정해야 한다.

얼마짜리 캐릭터를 개발해준다는 개념의 개발 사례에서 훌륭한 작품을 본 사례가 없다. 이는 해당 개발자의 작업동기가 이미 받을 돈의 가치에 집중되어 있고, 내가 나은 아이는 평생을 내가 먹이고, 입히고, 가르쳐야 한다는 마음이 없기 때문이다. 이는 머리로 생각하지 않아도 작업에 임하는 손이 먼저 낳아서 단순히 '보내는 아이'를 만들었기 때문일 것이다.

내가 아는 세계적인 엔터테인먼트회사는 가끔 성장가능성이 있는 캐릭터의 저작권 자체를 구매하기도 하는데 주로 그 대상이 자신의 열정을 모아 개발하고, 애지중지 자식처럼 생명력을 부여하려 노력하는 캐릭터이지 누군가가 얼마 받고 개발해준 캐릭터는 아닌 것이다. 내가 이렇게 말하면 많은 개발디자인회사의 오너에게 항의를 받을지는 모르나 개발자의 입장에서 보면 작은 일을 반복해서 할 것인가?, '누군가가 탐낼만한 굵직한 것을 할 것인가?' 를 생각해 볼 필요가 있을 것이다.

따라서 많은 기업체에서 자사의 성장가능성이 있는 캐릭터를 가지기 위해서는 '끼가 있고, 기본기가 있는' 디자이너를 내부적으로 양성하는 투자의 정성은 있어야 하며, 아웃소싱한 캐릭터는 많은 캐릭터 중에 골라서 추가적인 작업을 수없이 하여 가치를 증대시키도록 해야 한다.

나는 대학을 졸업하고 동일한 직장에서 10년 간을 근무했는데 사정이 허락하는 범위에서 적극적으로 다양한 직무를 경험하려 노력했다. 왜냐하면 나중에 경영자가 되기 위해 다양한 경험이 필요하다고 생각했기 때문이다.

내가 그랬듯이 적어도 하나의 생명력 있는 캐릭터를 창조하고자 하는 개발디자이너가 되기 위해서는 단순히 컴퓨터 프로그램을 운영하는 스킬보다는 캐릭터의 활용범위, 상품의 특징, 유통현상 그리고 다양한 콘텐츠의 특징과 OSMU[3]의 진정한 의미 등에 대해 현실성 있게 뒤집어 볼 수 있는 안목이 무엇보다 중요하다고 생각한다.

---

3) OSMU : One Source Multi Use의 약어
　문화콘텐츠 산업의 중요한 특징중의 하나로 하나의 장르에서 탄생한 콘텐츠가 다양한 분야에서 활용되는 것을 의미한다.

Chapter 03
캐릭터 상품 제조·유통부문

캐릭터 상품을 제조함에 있어서 무엇보다도
'나 같으면 이 상품을 사겠는가?'의 관점에서,
배치디자인 보다는 창의적인 디자인으로 접근하여야 한다.
캐릭터 상품의 유통부문에 있어서는 우리나라와 같이
문화산업 성장경로 상에 있는 경우 특히 유통환경 변화의
중요성을 인식하지 못하면 실패할 수밖에 없다.
그리고 대형할인점의 활황에 의해 문화콘텐츠상품의
유통흐름은 전문화된 카테고리킬러식의 매장이
형성될 전망이며, 캐릭터 상품매장사업에 있어서는
새로운 상품을 탐색하고, 고객을 분석하고,
상품회전율을 분석하여 상품을 구매하는 등의
점주의 부지런함이 요구된다.

© CI·Merchandising

Section 12 모방이 창조의 어머니?

　얼마 전 캐릭터손목시계를 제조하는 회사를 방문했는데 그 회사 사장의 책상 위에 낯익은 연필꽂이 통이 하나가 있었다. 그건 목재로 만든 유선형의 독특한 모양이었는데 5년 전 우리 회사에서 만든 것과 단지 캐릭터만 틀릴 뿐 색상까지 똑같았다.

　캐릭터 상품을 제조하는 회사에서 많은 상품디자이너가 있다면 의례 선의의 경쟁도 있고, 어느 정도의 신상품 개발실적도 있어야 하는 것이 조직의 생리이다. 그 당시 목재로 된 소품들을 많이 디자인했었는데 그 중 한 디자이너가 기안한 품목중의 하나가 바로 그 연필꽂이통이었다.
　그런데 그 당시 제작고정비 및 인력투입에 비해 목재류가 효율이 가장 낮았고, 유통과정 중에 파손이나 제작과정에서 풀칠, 못박음 상태 등의 정성이 부족한 것은 곧바로 하자상품으로 유통과정에 남아 있어 상당한 애로를 겪었다.

　그리고 얼마 후 철이 지난 외국 잡지책을 보다가 우리회사 상품과 유사한 목재소품을 발견하고, 그때 그 실무자의 창작인 듯 디자인한 것이 모방이었다는 것을 알게 되었다.

작품이 아니라 상품이라면 소비자가 살 수 있는 상품을 만들어야 하기에 '내가 소비자라면 이 상품을 살 것인가?' 라는 관점에서 기획이 되어야 하겠지만 자신의 안이한 모방이 자신이 몸담고 있는 조직에 얼만큼의 손실을 가져온다는 것을 고려하지 않은 행위였던 것이다.

그런데 그 모양의 상품이 어떤 캐릭터회사에서 그대로 카피되어 재생산되었는데, 아니나 다르게 그 제조회사 사장에게 물어 봤더니 안 팔려서 판촉물로 활용하고 있다고 한다. 제발 그 판촉물을 보고 누군가 또 맹목적인 모방을 하지 않기를 바랄 뿐이다.

Section 13 나 같으면 이 상품을 사겠는가?

의사결정과 그 결과에 대한 책임을 져야하는 대표자의 경우 이런 저러한 이유로 가끔은 깊이 있는 고민 없이 결재를 할 경우가 있을 것이다. 조직이 그리 크지 않는 중소기업의 경우에는 대부분 최종 결재권자가 사장이기 마련인데 특히, 상품을 제조하는 경우 많은 디자인 시안을 결정해야 한다.

물론 많은 것을 디자이너에게 요구하기 위해 다양한 노력을 하지만 사장의 요구에 딱 맞는 답을 찾기란 쉬운 일이 아니다. 여러 가지 시안에서 진주 같은 품목도 찾아 내려할 것이며, 가져오는 시안에 여러 가지 경험으로 이러저러한 수정도 요구하기 마련이다. 특히 캐릭터 상품은 쓰는 사람의 입장을 다각적으로 짐작할 수 있어야 실패할 확률이 적다.

나는 그 쓰는 사람의 눈높이를 맞추기 위해 아이들이나 학부모들과 자주 대화를 한다든지 하는 노력을 한다. 그래서 가끔 내 스스로 결정하기가 애매한 디자인이나 품목 결정은 은근슬쩍 결재를 미루어 부지런히 고객층과 대화를 해보기도 하고, 경험 있는 제조사 사장의 의견도 물어보곤 한다.

궁극적으로는 '나라면 이 상품을 사겠는가?'가 왕도라는 것이다. 그런데 이런 기본적인 자세를 잃고 매너리즘에 빠진 사장이 이를 소홀히 한 의사결정을 했다면 그게 바로 악성재고가 된다는 걸 뼈저리게 느끼게 될 것이다.

한때 우리회사에서 학생들이 많이 쓰는 스탠드를 여러 종류 만든 적이 있다. 캐릭터를 소재로 한 예쁜 스탠드의 경우 주로 여학생들이 주고객이라고 판단하여 이를 타켓으로 한 제품을 주력으로 하고, 이외에 남학생들이 쓸 수 있는 것이나, 기능이 좋고 비싼 인버터스탠드도 어렵게 만들었는데 판매는 그리 신통치 않았다.

이러한 결과를 재검토하기 위해 전국대리점 사장들과의 회의를에서 스탠드에 대한 판매부진에 대한 이유를 물었더니 학생들이 사기에는 비싸니 통상 3, 4만원 정도의 가격을 1, 2만원 수준으로 낮추어 주면 얼마든지 잘 팔 수 있다는 것이었다.

그 후 생산담당과 대책을 수립하여 저가대의 캐릭터스탠드를 여러 종류 출시하고 판매추이를 지켜보는데 초도물량이 출고된 후에는 여전히 주문이 없는 것이었다.
물론 답답한 심정에 대리점 사장들과도 통화도 해봤지만 그 이유는 고사하고 언제(저가대가 잘 팔린다고) 그랬느냐는 식의 시큰둥한 대답에 화만 치밀어 올랐다.

첫 번째 실수는 소비자관점에서의 입장 바꿔보기도 무시한 채 대리점사장 이야기를 무작정 수용한 것, 대리점 사장들이 소비자가 아닌데…

　두 번째는 쓰고 버리는 소모품이 아닌데 아무리 예쁘더라도 상품이 쓸만한 내구성을 가져야 하는데 무작정 소비자가를 낮추기 위해 저급하거나 싼 방법의 가공으로 만든 상품은 '나라도 안 산다!' 는 것.

　아직 우리 직영전시장에 가면 그때의 스탠드들이 몇 개 진열되어 있다. 스탠드를 통해 입은 손실이 어림잡아봐도 수억은 되는데 그걸 볼 때마다 '나라면 사겠는가?' 를 되새겨 보기 위해 그냥 두고 있는 것이다.

Section 14 **캐릭터** 상품의 종류와 가능한 영역 그리고 효과

최근 캐릭터 상품의 종류와 영역이 다양화되고 있다. 캐릭터는 문구나 완구에 사용되는 것이며, 어린이 상품으로 한정된다는 인식이 있었다면 그것은 어디까지나 옛날 이야기일 것이다.

최근에는 건축물이나 자동차에도 캐릭터가 적용되는 것을 볼 때 일반생활용품, 가전제품, 식품 등 어디에도 캐릭터가 적용되지 못할 곳은 없다고 보는 것이 맞을지 모르겠다. 단지 굳이 캐릭터를 써야 할 이유가 약한 경우나, 사용층이 너무 광범위하고 이미 어떤 브랜드로써 자리 잡은 상품의 경우는 예외일 것이다.

캐릭터가 이처럼 다양하게 사용되는 것은 앞에서 기술한 것처럼 캐릭터가 가지는 커뮤니케이션효과, 시장확장성효과, 상품 유지성 효과, 판매증대효과 등의 다양한 효과 때문이다. 그러나 똑같은 상품에 그저 캐릭터만 다르게 한 상품이나 품질이 떨어지는 상품에 캐릭터를 적용했다면 캐릭터를 적용한 효과는 고사하고 해당 캐릭터의 이미지를 손상시킬 우려가 있다.

따라서 캐릭터는 질 좋고, 캐릭터와 어울리는 상품을 고객의 취향에 적합한 디자인으로 전개했을 때 진정한 캐릭터의 효과를 맛볼 수 있는 것이다.

Section 15 배치 디자인인가? 창의적 디자인인가?

캐릭터 상품의 디자인이 단순히 '캐릭터를 상품에 배치하는 디자인 작업'이라면 많은 디자이너들의 항의를 받을 것이다. 그러나 캐릭터를 창조하는 것이 아니고, 상품에 적절한 캐릭터 모습, 적정한 크기, 적절한 색감을 해당 상품이 캐릭터 상품으로서의 구매력이 높도록 하는 점에서는 배치 디자인이라고 할 수도 있을 것이다.

캐릭터 상품을 디자인하는 작업이 단순히 캐릭터를 상품에 붙이는 것이라면 그 상품의 제작 난이도는 가장 원초적인 것일 것이다. 잘하는 상품 디자이너는 그 상품의 특징과 고객의 연령대에 맞게 적절하게 캐릭터를 구사하는 것일 진데 가끔은 이론적으로 흘러 재고를 늘릴 경우도 있다.

우리나라의 경우도 주로 2000년 이전에는 해외 샘플이나 일반상품의 샘플에 상급자가 지시하듯이 캐릭터를 붙이는 방식이 유행처럼 번져 대부분의 경영자가 소위 잘 팔리는 샘플을 구하기 위해 동분서주하는 사례도 많았다.

약 10년 전쯤 내가 경영하는 회사가 캐릭터 상품화사업을 한창 할 때 시장조사를 위해 일본이나 홍콩을 자주 방문한 적이 있다. 물론 다양한 샘플들을 수거하여 디자이너들에게 주는 것이 주요한 실적

중에 하나였다.

 딱 꼬집어 이야기하진 못할 지라도 왠지 일본상품은 캐릭터의 특징을 잘 반영하였는데, 우리상품은 양복입고 갓을 쓴 격의 분위기가 있다고 생각한 적이 한 두 번이 아니었다. 어떻게 보면 '빨리 빨리 문화가 순발력을 키웠다면' 그 이면의 부산물로 '대충 대충 상품'이 많이 출현했을지 모른다.

 이른바 전사[4]를 입히면 캐릭터 상품이 되는 양 쉽게 만드는 캐릭터 상품을 지향했던 것이다. 그래야 어떤 캐릭터가 안 팔리면 또 다른 캐릭터로 전환 하니까? 의도한 바는 아니겠지만 아무튼 성의 없이 급조된 상품은 캐릭터의 특징을 잘 담아내지 못하므로 낮은 가치를 점할 수 밖에 없는 것이다.

 원래는 상품을 디자인하는 디자이너나 상품기획자가 면밀한 시장 분석을 통해 소비자의 니즈(needs)에 맞는 신상품을 개발하거나, 선진시장의 디자인 경향이나 새로운 상품을 우리의 실정에 맞도록 고객을 이끌어 가는 창의적인 디자인을 해야 하는 것이다.

---

4) 전사(轉寫):옮겨 베낀다는 뜻이며, 필름에 인쇄된 디자인을 열을 주어 제품에 옮기는 생산방식이다. 예를 들어 컵이나 그릇에 캐릭터디자인은 대부분 이런 방식을 사용하여 캐릭터를 표현한다.

Section 16 해외시장을 공략하라

나는 다양한 캐릭터 상품을 제작하여 유통한 경험이 있는데 캐릭터 상품사업에 있어서 가장 아쉬웠던 부분이 수출을 적극적으로 하지 못했다는 점이다. 지금은 라이센싱사업에 역량을 집중하고 있지만 자체 캐릭터를 성장시키기까지의 수입원을 제품사업으로 충당하였는데 많은 선배들이 그랬듯이 주로 해외 유명캐릭터를 활용하였다.

당시 애니메이션도 해외 OEM 주문에 의한 제작이 주를 이루었던 시대이며, 인터넷이 발달하지도 않아 다양한 커뮤니케이션 수단이 없던 90년대에는 국내 창작캐릭터란 말 자체가 생소하던 시대였다.

디즈니를 중심으로 한 해외 유명콘텐츠들은 이미 각 나라마다 라이센싱이 활발히 이루어져 있는 막강한 네트워크를 가지고 있다. 만약 디즈니의 어떤 캐릭터를 활용한 상품을 한국내 상품화권을 계약하여 상품화한 경우 계약도 한국내 상품화권으로 제한적이지만 해외에는 우리와 같은 이해 당사자가 있기 때문에 원칙적으로 수출은 불가능 할 수 밖에 없다.

다시 말하면 우리의 제품을 수출하려면 반드시 우리의 캐릭터여야 한다는 점이다.

가끔 우리회사에 일본, 미국 바이어들이 와도 팔기 위해 만든 상품을 팔 수 없다고 생각을 해보면 가슴아픈 일일 것이다. 디즈니의 상당한 로열티에 비해 우리나라 시장은 문화적으로 성장과정에 있는 협소한 시장에 불과함을 자주 느꼈다. 그러나 많은 국가는 이미 문화적으로 우리를 앞질러 큰 시장을 형성하고 있으며, 상품만 좋다면 얼마든지 살 수 있는 소비성향을 갖추고 있다.

자그마치 국내시장의 수 십 배 규모를 가진 나라를 상상해 보자. 틀림없는 품목 하나로 승부를 볼 수 있는 시장규모를 상상해 보자.

나는 2001년도에 일본 지사를 설치한 적이 있어, 꽤 자주 일본을 방문한 편이었다. 분명 우리나라보다는 시장 규모나 콘텐츠의 유통이 안정된 나라이며, 관련산업의 인프라가 잘 구축된 나라임에 틀림없다. 문화적으로 성숙되면서 자기 것이 아니라고 배척하는 방식도 변했으며, 다른 나라의 POOH, MIFFY, SNOOPY 등의 유명캐릭터와 관련하여 제일 큰 시장을 형성하고 있다. 이런 점에서 우리의 캐릭터가 질적으로 우수하다면 충분히 일본에서도 성공할 수 있을 것이라고 믿고 있다.

우선은 내수기반이 중요하겠지만 해외 시장을 공략할 수 있는 캐릭터를 통한 수출시장의 확대가 대단히 중요하다고 생각한다. 때로는 우수한 캐릭터에 상품의 품질이 보완되는 형태로, 때로는 아주 우수한 상품에 우리의 캐릭터를 접목해서 라이센싱이나 머천다이징 사업의 해외수출을 기획할 수 있을 것이다.

내 경험으로 미루어 해외에 잘 알려지지 않은 캐릭터를 라이센싱하기는 매우 힘든 일이다. 우리의 자체개발 캐릭터가 한국 내에서 어느 정도 라이센싱이 된다고 하면 상품이든 홍보든 캐릭터의 사회적 역할을 통해서든 한국 내에서는 어느 정도 알려지고 있다는 전제 하에서나 성장가능성이 알려지면서 라이센싱이 가능해지고 있다고 볼 수 있다.

그렇다면 이제 막 한국에서 알려지기 시작한 한국태생 캐릭터를 전 세계 우수한 캐릭터들의 각축장에서 어떻게 라이센싱할 것인가를 생각해 본다면 단기간에 이루어질 일이 아니란 걸 짐작할 수 있을 것이다. 그러나 우리 캐릭터의 장단점을 충분히 알고 국가별 전략을 수립하여 'PLAN-DO-SEE'의 끊임없는 노력이 하나 하나의 완성을 이루어 줄 것이다.

때로는 특징 있고 우수한 상품을 통해 인지도를 서서히 확보하는 방법도 필요하며, 해외 마케팅을 위한 것이라면 대화 한 구절도 신중히 하고, 한 품목도 경쟁력 있는 상품으로 끈기 있게 도전한다면 언젠가는 POOH, 스누피, 미피 옆에 우리 캐릭터가 나란히 자리를 차지할 날이 있을 것이다.

Section 17 캐릭터 상품 매장사업에 대하여

　국내 캐릭터 상품 프랜차이즈 사업과 관련하여 성공사례는 없고, 실패사례만 있다.
　많은 회사들이 대대적인 광고와 홍보를 통해 가맹점을 모집하고, 상품을 제조하여 공급하는 사업을 시작했지만 결국 가맹점주를 골탕먹이는 결과로 끝난 것이다. 만약 그런 가맹점을 운영했던 점주분들이나 지금 캐릭터 상품매장을 운영하는 분들이 이 내용을 읽어본다면 크게 공감을 하리라 생각한다.

　캐릭터 상품 가맹점사업의 실패요인을 분석해보면

　첫째는 가맹 본사의 캐릭터 소싱이나 상품력 문제를 들 수 있을 것이다.
　유명 해외 캐릭터를 활용했다면 활용의 연속성 문제 즉, 재계약의 불확실성에 의한 혼란이 있었을 것이며, 가맹본사 소유의 신생캐릭터를 적용함에 따라 필연적으로 나타나는 인지도의 문제도 있었을 것이다. 캐릭터 상품사업에 있어서 일차적으로 어떤 캐릭터를 사용하느냐에 따라 상품의 가치나 고객연령대가 달라질 수 있기 때문이다. 과연 과거의 실패한 가맹본사가 이러한 캐릭터의 중요성을 인식하고, 고객입장에서 캐릭터 소싱을 하였을까?

둘째는 가맹 본사의 상품 제작 경험과 능력을 의심할 수 있을 것이다.

하나의 기업문화를 가진 회사에서 과연 문구, 완구, 의류 등 다양한 영역의 상품을 경쟁력 있게 제조하였을까 하는 문제인데 점차 소비문화가 발달할수록 특징이 없고, 캐릭터와 조화를 이루지 못하거나 가격, 품질 경쟁력이 없는 상품은 소비자로부터 외면당할 수밖에 없는 것이다.

셋째는 우리나라 상가의 임대 구조의 문제나 과다한 인테리어 비용이다.

우리나라 대부분의 상가는 작든 크든 권리금이 붙어 있고, 그 권리금이란 보장성이 없고, 불확실한 것이어서 부담이 크고, 폐해도 많다. 그리고 시작하는 입장에서의 장미빛 기대로 가맹 본사의 과도한 인테리어 비용은 수익구조에 비해 점주의 경쟁력을 약화시켰을 것이다.

좋은 시설과 분위기를 연출하면 상품들이 더욱 돋보이고, 고객 편의성도 좋아지겠지만 얼마 지나지 않아 또 바꿔야하는 인테리어에 평당 200-400만원의 고비용을 투자한다면 그만큼 수익성도 약화될 수밖에 없는 것이다.

이외에도 여러 가지 실패요인도 있었겠지만 무엇보다도 빠른 유통환경의 변화에 대처하지 못한 요인이 가장 크다고 생각한다. 만약 누가 캐릭터 상품 매장을 하려고 한다면 누군가 전문성이 있어 상품을 체계적으로 공급하고, 프랜차이저를 모집하는 사업을 한다는 본사보다 오히려 묵묵히 자신의 분야에서 열심히 상품화하는 본사들을 찾아 그 분야의 상품공급을 도와 달라고 하는 것이 나을 지도 모른다.

최근 대형할인점이나 홈쇼핑, 인터넷 쇼핑몰들이 난립, 성행하면서 소비자의 소비패턴이나 심리들이 많이 변화되었다. 일반 농·공상품을 위주로 자유무역에 의해 낮은 인건비를 무기로 중국, 베트남산들이 가격경쟁요소를 가장 크게 부각하는 할인점의 상행위와 맞물려 가치 중심이 아닌 가격 중심의 공급정책시대가 된 것이다.

과연 캐릭터 상품이 가치 중심의 상품일까 가격중심의 상품일까? 당연히 가치 중심의 상품이며, 이왕이면 가격도 저렴하면 널리 판매가 잘 될 것이다. 할인점이 활황을 맞고 소형 소매점이 문을 닫는 요즘 비록 할인점에서 종합적으로 가치적인 캐릭터 상품을 취급하지 않더라도 작은 점포에서는 구매하기를 꺼려하는 소비심리가 작용하고 있다.

물론 과도기적 현상일수 있지만 그러한 현상들로 인해 소형매장들은 소비자로부터 외면당하고, 가격경쟁에서도 불리하게 된 것이다. 이러한 현상들을 비춰본다면 어떤 형태의 캐릭터 상품점이 경쟁력을 확보할 수 있을까?

○ 대형 캐릭터 상품전문점의 모습

아무리 대형할인점이 다양한 상품을 취급한다하더라도 다양한 문화콘텐츠 상품을 취급하는데는 여러 가지 불리한 구조가 있다. 따라서 캐릭터 상품을 종합적으로 취급하는 대형 카테고리킬러식의 매장은 경쟁력을 갖출 수 있을 것으로 전망된다.

그리고 어떤 사업도 마찬가지지만 점주의 노력이 수반된다면 성공확률이 높은 사업이라 생각된다. 나는 많은 매장을 개설하고 운영해본 경험이 있는데 기본적인 상권이 형성된 입지적인 요인도 중요하겠지만 무엇보다도 새로운 상품을 탐색하고, 고객을 분석하고, 상품회전율을 분석하여 상품을 구매하는 등의 부지런함이 성공의 포인트라고 생각한다.

작은 매장이더라도 그 매장 안에는 마케팅 관련 서적 1권 분량의 모든 논리가 있는 것이다. 친절하게 고객을 응대하는 것이나 상품별 디스플레이방법은 내가 고객입장으로 바꿔보면 응당 경쟁력 있는 방법이 나올 것이다. 부지런히 신상품을 탐색하고, 다양하게 분석하는 부지런함이 있다면 어떤 재고도 부담될 것이 없다고 본다.

식당이 아닌 웬만한 상점을 개설할 때 많은 사람이 반품이 되느냐를 묻는 것을 보는데, 반품이 원활히 되는 것은 그만큼 비용이 더 들어가서 가격경쟁력이 떨어질 수밖에 없는 것이다. 어떤 공급자가 디스플레이 했던 즉, 쓰던 물건을 반품해 가서 무엇에 쓸 수 있을까? 금방 영업상 필요에 의해 반품을 해가더라도 그런 공급자는 발전하기 어려울 것이다.

그리고 매장운영자가 재고를 두려워한다면 영업이 소극적으로 될 수밖에 없다. 다만 소량을 테스트해보고 회전율에 따라 적당량을 구매하고, 팔리지 않는 품목은 다시는 구매하지 말고 디스플레이용으로 활용하는 느긋함을 발휘해 본다면 어느새 그 상품은 팔리고 없을 것이다. 그리고 아무리 잘 팔리는 상품만 갔다 놓아도 상대 비교에 의해 처지는 상품이 있기 마련이다.

Section 18 유통환경의 변화와 캐릭터 상품

앞에서 언급했듯이 수많은 캐릭터 상품 프랜차이즈 매장들이 성공하지 못한 요인 중에서 무엇보다도 가장 큰 요인은 빠른 유통환경의 변화에 대처하지 못했다는 점이다.

여타의 사업에서도 그렇지만 캐릭터 상품사업에 있어서는 유통환경의 변화가 매우 중요하며, 특히 우리나라와 같이 문화적 성장경로에 있는 나라에서 이는 더욱 중요하다. 다시 말해 캐릭터 상품을 제작하거나 유통하는데 있어 '유통환경 변화의 중요성'을 인식하지 못한다면 실패할 수밖에 없다는 뜻이다.

캐릭터 머천다이징사업에 있어 유통환경의 변화는 크게 기업 차원의 변화, 소비자 차원의 변화, 유통시장의 경쟁조건 변화, 유통경로 시스템의 변화로 구분하여 볼 필요성이 있다.

첫째, 기업 차원의 변화의 특징은 글로벌(Gloval)화, 소비자로의 마케팅 중심 이동, 시장성숙을 특징으로 꼽을 수 있다.

자유무역의 확대와 소비국의 화폐가치에 따라 저평가국에서 고평가국으로 비교적 자유롭게 상품이동이 진전되고 있는 것이 글로벌화 특징이라 할 수 있다. 그리고 유통자가 제조자를 지배하는 현상이 뚜렷하여 유통자에게 유리한 상품의 개발이 빈번하고, 2차적으로는 소비자에게 반응이 약한 상품은 사장되는 '소비자에게로 마케팅 중심이 이동' 하는 특징이 있다. 또한 소득수준과 문화적 성숙에 맞춰 시장성숙현상이 일어남에 의해서 캐릭터 상품의 종류가 다양해짐을 볼 수 있다.

둘째, 소비자 차원의 변화의 특징으로는 소비자의 가치변화, 소비행동의 변화, 의식구조의 변화를 꼽을 수 있다.

캐릭터 산업의 특징 중 하나는 소비자의 소득수준과 문화적 성숙도에 따라 지속적으로 성장할 수 있는 산업이라고 설명한 바 있다. 이와 같이 문명화의 성숙에 따른 소비자의 가치, 행동, 의식의 변화는 캐릭터 상품의 소비에 긍정적인 영향을 준다.

셋째, 유통시장의 경쟁조건의 변화로는 수평적, 수직적, 업태간, 캐릭터(브랜드)간 경쟁으로 분석해 볼 수 있다.

동업종, 동업태간 경쟁은 치열하며, 특히 서로 다른 캐릭터를 소재로는 (수평적)경쟁을 하며, 제조사와 유통사 간에 마진과 거래조건에 있어서는 (수직적)경쟁을 한다. 반면 동업태의 동일지역이 아니면 업태간 경쟁은 약한 특징을 가지고 있다.

넷째, 유통경로 시스템의 변화로 앞서 언급한 대형할인점의 활황에 의한 변화나 도매상 주도형 업종이나 도매상의 전문성이 약한 특징을 염두에 두어야 할 것이다.

이상과 같은 관점에서 유통환경의 변화는 캐릭터 상품사업에서의 중요한 요소이므로 그 특징을 잘 이해하고, 그 이해의 바탕에서 사업 전략이 수립되어야 사업의 지속성을 보장받을 수 있다고 생각한다. 캐릭터 상품의 특징중의 하나도 품목의 변화가 빈번한 만큼, 그 유통환경도 흐름을 놓쳐 버리면 제자리를 다시 찾기 어렵다.

Section 19 **백화점**, 할인점의 문화콘텐츠상품[5] 취급전망

90년대 중반쯤 일본출장 중에 우리나라에는 없었던 특징적인 사회적 현상 두 가지를 체험한 적이 있다. 그것은 당시 일본에서 유행하기 시작한 DDR과 사람이 피켓을 들고 거리에서 광고를 하는 모습이었다. DDR(Dance Dance Revolution)[6]을 보면서 저런 것은 곧 한국에서 유행하겠구나 하고 느꼈는데 그 후 2년 뒤부터 한국에서 대단히 유행하기 시작하였다.

이처럼 각 국의 정치, 경제, 사회적 현상은 그 나라의 문화적 성숙도나 소득수준에 따라 상호 비슷한 흐름으로 성장하고 있다고 생각한다. 그래서 정치, 경제, 사회 등 많은 면에서 선진국을 비교 분석하는 일을 중요하게 생각하는 것이다.

사실 캐릭터 상품의 유통도 선진국의 흐름을 분석해 보면 우리나라에서의 향후 전개방향을 짐작할 수 있다. 과거 10년 전쯤에 백화

---

[5] 문화콘텐츠상품 ; 영화, 음악, 게임, 애니메이션, 만화, 캐릭터 등 문화콘텐츠를 소재로 한 상품을 통칭하여 일컫는 말
[6] DDR이란Dance Dance Revolution의 약자로서 원산지는 일본의 코나미社에서 최초로 개발한 화면의 화살표에 따라 발판의 화살표에 맞추어 춤을 추는 게임이다. 상하좌우 네 개의 발판을 이용해 춤을 추는 게임으로 플레이 방법은 화면을 보면 밑에서 ← ↑ ↓ → 네 방향의 화살표가 올라온다. 이때 올라오는 화살표가 화면 상단의 자리에 도달했을 때, 타이밍에 맞추어 발판을 누르면 된다.

점이 캐릭터 상품의 중요한 유통처로 자리매김한 적이 있는데 비교적 큰 회사들은 백화점마다 몇 개의 10~20평 규모의 직영코너 정도는 당연히 운영하고 있었다.

그러나 그 후 소비자 유통환경에서 백화점의 위상은 부유층을 상대로 한 유명브랜드 등 고가상품 위주의 유통점으로 변모하고, 보편적인 상품은 대형할인점이라는 새로운 유통채널을 채택하게 되었다. 그 당시 일본, 홍콩 등의 백화점이 캐릭터 상품을 취급하는 형태를 보면 백화점이나 쇼핑몰의 한 개 층 전체를 캐릭터 상품 매장으로 운영하는 사례가 늘고 있었다.

당시 내가 경영하던 회사도 서울시내 백화점 등 13개의 직영매장을 운영한 적이 있는데 백화점 입장에서는 구색차원에서도 캐릭터 상품 취급코너가 필요하였지만 운영회사 입장에서의 10~20평 규모의 매장은 수익을 내기보다는 관리의 어려움이 더 많았다고 생각된다.

높아지는 수수료, 잦은 위치 이동, 재고관리 애로, 판매직 수급과 관리문제 등 여러 가지 변수들이 존재하나 볼거리에 비해 매출규모는 수익을 낼 수 있는 수준에는 못 미쳤던 것이다. 이후 많은 회사들이 이러한 현상을 경험하면서 백화점에서 철수를 단행하였고 백화점 측에서는 이 자리를 메우기 위해 새로운 캐릭터회사들을 지속적으로 접촉하였다.

이처럼 소비자에게 필요한 캐릭터 상품을 유통자(백화점, 할인점, 쇼핑몰)가 채우지 못한 경우 어떠한 방향으로 유통이 전개될 것인가?

그 해답은 이미 이러한 현상을 경험한 선진국의 사례에서 짐작할 수 있을 것이다. 앞에서 캐릭터 산업은 소득수준의 향상과 함께 꾸준히 성장하는 산업이라고 하였다. 이는 캐릭터 상품이 증가하고 소비자가 필요로 하는 상품으로 성장한다는 의미와도 통한다. 따라서 유통자는 캐릭터 상품을 포함하는 문화콘텐츠상품들의 취급을 무시하고 유통사업을 전개하는 것이 경쟁력의 약화를 초래하는 것임을 스스로 알 수 있을 것이다.

그러나 직접 취급하기에는 다양성과 변화성에 전문성을 확보하지 못할 것이다. 따라서 향후 유통자의 문화콘텐츠상품의 취급방향은 대형 유통점의 1개 층의 규모에 맞는 대형 공간을 마련하고 '누가 이러한 상품을 종합적으로 소싱하여 소비자의 니즈에 대응할 능력을 가졌는가?'를 고민하여 그러한 능력자에게 그 유통점의 문화콘텐츠 상품분야를 통째로 맡기는 현상이 될 것으로 전망한다.

문화콘텐츠상품의 취급을 무시하고는 유통사업을 전개하기 어렵기 때문에 다양한 방법들의 결론을 이렇게 찾을 것으로 보는 것이다. 그래서 일본이나 홍콩 등의 경우를 보면 백화점의 1개 층 규모로 디즈니 샵이나, 전문매장이 설치되어 있는 것이다.

현재 활황을 맞고 있는 대형할인점의 경우도 캐릭터 상품을 종합적으로 취급하기에는 마찬가지로 애로점이 많아 결국 어떠한 공간을 마련하여 '캐릭터 상품 전문 유통자'에게 러브콜을 보낼 것으로 전망된다.

　우리나라 캐릭터 상품의 유통문제의 문제점에 대해서는 별도로 논의하겠지만 이러한 유통현상을 대비한 자질을 갖춘 능력자가 탄생하여 우리나라 캐릭터 산업에서 취약한 유통문제를 한층 전문화해 주기를 기대한다.

Section 20 '짝퉁'의 폐해와 대책

몇 해 전 영국 BBC방송의 캐릭터인 '텔레토비'가 어린이들에게 크게 인기를 얻은 적이 있는데 그 당시 인기리에 팔렸던 텔레토비 봉제인형은 정식계약에 의한 정품이 아니라 발빠른 업자들이 중국에서 대량생산한 이른바 짝퉁(위조상품)이었다.

정식공급업체가 상표권 등록 등의 정식절차를 밟는 동안 캐릭터의 인기에 편승한 조악한 상품이 시장을 장악하고, 소비자는 그것이 정품인지 모조품인지 조차 모르는 지경에 이르러 이러한 현상을 아는 몇몇 이들은 국가적인 부끄러움을 탄식한 것이다.

많은 투자와 노력으로 어떤 캐릭터를 탄생시킨 저작권자나 그의 이해당사자에게 수익이 배분되고, 또 다시 재투자로 이어져서 이런 산업을 더욱 발전시키는 선순환구조를 왜곡하는 현상이면서 조악한 수준의 상품은 해당 캐릭터의 이미지를 저하시켜 고객의 마음으로부터 캐릭터의 생명력을 빼앗게 되는 악독한 현상!

최근에는 한류인기와 함께 한국제품을 모방한 중국산 짝퉁이 범람하고 있다. 그 종류는 문구, 의류, 의약품, 식품 등 거의 모든 품목에 이르며, 디자인 도용이 가장 크다.

회사의 이름이나 브랜드를 도용하거나 약간 변형해서 소비자들을 혼란시키기도 하고, 일부 상품은 국내로 역수입되어 판매될 뿐만 아니라 한국산으로 둔갑해 제3국으로 수출까지 되고 있다고 하니 문제는 매우 심각하다. 한때 캐릭터 상품을 많이 제조하던 우리회사에서도 신상품이 출고되면 1박스씩 사가는 중국업자가 있었다. 의심은 가되 돈 주고 사겠다니 안 팔 수는 없고, 그렇게 출고된 상품은 회사마크까지 똑같이 해서 중국에서 제조되어 각국으로 판매되곤 했던 것이다.

문화산업이 성장하기 위해서는 반드시 저작권법 등이 바탕이 되어 국민적인 의식성장이 뒷받침되어야 한다. 업계의 피해를 줄이기 위해 단속을 하는 행위나 소송을 하는 것도 하나의 낭비이며 몇몇 선진국에서 볼 수 있는 것처럼 '남의 것은 욕심내지 않는 정직한 사회'가 된 국가만이 각종 콘텐츠상품들이 발전할 수 있는 것이다.

비록 현재의 중국보다는 높은 수준이지만 아직 개선의 여지는 많다고 생각한다. 그리고 해당국 정부의 의지가 없이는 '짝퉁의 근절'이 어렵다는 점에서 정부가 해결책 마련에 더욱 적극성을 보여야 한다.

일본의 경우 2003년 고이즈미 총리를 본부장으로 지적재산권본부를 발족시켜 지적재산권창출과 보호에 범정부적으로 대처하고 있다. 우리도 기업들의 피해신고를 접수받아 법률적인 자문을 제공해 주거나 피해구제를 지원할 수 있는 조직을 정비하는 일도 고민해야 할 것이다. 그리고 외교적인 노력도 강화하고, 외교통상부, 산자부, 특허청 등의 협력체제도 강화하여 진정한 문화적인 선진국으로 도약할 수 있기를 기대한다.

Chapter 04
캐릭터 라이센싱 · 마케팅부문

내 상품에 맞는 캐릭터를 선택하기 위해서는 우리회사 상품의 주 고객층과 그들이 좋아할 수 있는 캐릭터를 선택해야 할 것이며, 롱런캐릭터가 적합한지 타임성캐릭터가 적합한지를 판단하고 지불할 수 있는 로얄티 수준에 맞는 캐릭터를 선택하여야 한다.
캐릭터를 필요로 하는 제조사들은 해당상품의 제조, 유통에는 전문성을 가지겠지만 브랜드나 캐릭터에 대한 전문성은 떨어질 수밖에 없는 것이 당연하므로 '내가 만들어 쓰겠다' 는 생각보다는 내 상품에 적합한 캐릭터를 선택할 수 있는 안목을 길러야 하겠다.

ⓒ CI·Merchandising

Section 21 라이센싱을 위한 목표 수립

나는 코오롱그룹의 캐릭터사업을 관장하면서 특히 상품제작분야에 많은 경험을 쌓고자 노력했다. 이미 누군가가 많은 캐릭터를 소위 독점적으로 상품화계약을 해놓은 상태에서 그 중 가장 가치가 높을 것이라는 디즈니사의 'Winnie The Pooh'를 집중적으로 사용했다.

하나의 캐릭터를 어떤 회사가 독점적으로 사용한다는 것은 있을 수도 없는 이야기지만 당시 디즈니의 전략에 의해 가능한 일이었고, 그 덕에 좋은 캐릭터를 활용한 많은 품목을 제작해 봤다. 그도 그럴 것이 당시 프랜차이즈 점포에 내가 만든 상품으로 구색을 맞추어야 될 상황이라서 의류에서부터 완구까지 수많은 품목을 제작하거나 수입을 해와도 구색이 부족하였던 것이다. 물론 3년 간의 계약 이후에는 스스로 올려놓은 국내 라이센싱 가치로 인해 막대한 로열티를 감당할 수 없어 포기하고 말았지만 말이다.

나는 그때 많은 상품을 제작하여 유통하면서 여러 가지 값진 것을 배웠다.

그 중 '상품화의 대가로 받는 로열티는 성공한 캐릭터에 대한 투자의 결과물' 이라서 라이센서의 성패가 달려 있다면 '로열티를 지급하는 캐릭터 상품은 어떤 캐릭터를 적용했느냐에 대한 위험 및 제조상품의 구조적인 위험이 현실적으로 크다' 는 것을 경험했다. 만일 어떤 제조사가 어떤 캐릭터를 상품에 적용했는데 그 상품이 팔리지 않는다면 그 제조사는 로열티의 손실은 일부이고, 해당상품에 투입되는 각종원가나 기회손실은 엄청나게 크다는 것이다.

2000년대 초 우리나라에서 엽기토끼의 붐이 불면서 많은 회사가 캐릭터 개발사업에 뛰어 들었었다. 그리고 많은 제조사들이 그런 회사에 의뢰하여 자신만이 사용하는 자체 캐릭터를 제작하여 자사의 상품에 적용하거나, 그런 회사의 캐릭터를 값싸게 라이센싱한 적이 있었다. 결과적으로는 다양한 경험 없이 디자인상으로만 탄생시킨 생명력 없는 캐릭터의 상품화로 많은 회사에서 애로를 겪었고, 캐릭터에 대한 강한 불신만 생기게 되는 시기였다고 생각된다. 누누이 강조하는 것이지만 하나의 캐릭터가 캐릭터로써의 생명력을 가진다는 것은 낙타가 바늘구멍에 들어가는 것처럼 어려운 것이다.

내 캐릭터에 대한 충분한 검증 없이 디즈니나 산리오의 환상에 젖어 로열티를 받아 부자가 되려 한다면, 잘못된 경우의 라이센시를 생각해 봐야 하는 것이 라이센서의 기본적인 양심인 것이다. 물론 각자의 가치의 기준이 다르겠지만 최선의 노력을 통해 다양한 캐릭터를 창조하고, 인내심을 가지고 그러한 여러 가지 캐릭터를 충분히 내외부적으로 성장가능성을 검토한 후, 내 스스로 사용자 입장에서 투자가 가능할 때 라이센싱을 검토해야 되는 것이다.

나는 사업초기에는 해외 유명 캐릭터를 활용한 캐릭터 상품사업을 하면서 캐릭터개발사업을 병행하였으며, 상당한 금액의 투자로 우리 캐릭터를 개발하고, 점검하고, 성장시키는데 노력해 왔다. 외부수주를 받는 디자인 용역사업 등을 통해 경험을 쌓으면서 많은 종류의 캐릭터를 개발하였다. 당시 캐릭터 상품에 캐릭터를 잘못 적용시켰을 때의 위험을 알고 있는 나로서는 남들처럼 '자체캐릭터를 라이센싱한다'는 생각을 할 수가 없었다.

그래서 2001년도에 우선 두 가지 캐릭터를 우리상품에 적용하기로 하고 조심스레 하나 하나 자체 캐릭터 상품을 제조하였는데 그 중에 한가지 캐릭터 상품은 실패하였고, 또 한가지인 '두기' 캐릭터 상품은 그 해 15억원의 매출을 올렸다. 그래서 두기에 대한 소비자 반응을 다시 한번 점검하고 두기(Doogy)를 메인 캐릭터로 설정하여 2002년부터는 본격적인 라이센싱을 준비하게 되었던 것이다.

만약 그때 우리 스스로 적용해 보고 실패했던 캐릭터나, 두기 이외의 검증되지 않은 많은 자체캐릭터를 타 회사에서 적용해서 막대한 손실을 입었다면 오늘날 나의 위상은 어떻게 되어 있을까? 내 캐릭터를 남에게 쓰라고 하기 전에 자신의 희생을 각오하고 자신이 먼저 리스크를 안는 것이 라이센서의 기본소양이라고 믿는다.

Section 22 라이센싱 초기 상품 전략

    어떤 캐릭터가 서서히 사람들에게 인식되는 것은 순전히 그 사람들의 생활 속에서 자연적으로 습득되는 것이며, 교육을 통하거나 인위적인 방법이 있어 그렇게 알린다면 그 생명력은 필요한 시점에 국한 될 것이다. 그래서 각종 지방자치단체의 캐릭터나 홍보용 인물 캐릭터들이 캐릭터사업의 요소가 되지 못하는 것이다. 따라서 캐릭터 그 자체로서의 커뮤니케이션 수단으로나 상품으로서 서서히 고객들의 생활 깊숙하게 자리를 잡게 된다면 그 캐릭터의 생명력은 오랜 기간 동안 살아 있을 것이다.

    나는 자체 캐릭터를 스스로 상품화하여 유통을 해보고 라이센싱을 개시한 흔치 않는 방법을 택해왔다. 그래서 훗날 라이센시들에게 많은 의견제시를 하거나, 라이센서로서의 중심역할을 원활하게 수행하는 데 보탬이 되기도 했지만 무엇보다도 캐릭터를 체계적으로 알리는데 보탬이 되었다고 생각된다.

    두기 상품을 처음 출시할 때 상품에 적합하지 못한 캐릭터를 잘못 채택하였을 때의 리스크를 감안하여 다소 소모성상품이나, 디자인 요소가 중요하지 않은 상품을 통해 구색을 확보하면서 기본적인 것을 점검하였고, 어느 정도 두기 상품이 팔릴 수 있다는 확신을 갖게 되었을 때부터는 정서적이거나 오래 쓰는 필요상품 또는 홍보성이 강한 상품을 제작하였다.

예를 들어 정서적이고 오래 쓰는 상품으로는 '어린이 공부상(Study Table)', '벽장식'과 같은 상품을 그리고 홍보성이 강한 상품으로는 '벽, 탁상시계', '쇼핑백' 등을 만들었다.

특히 두기 쇼핑백은 전국 편의점에 공급하여 소위 '걸어 다니는 선전판' 역할을 톡톡히 하였다고 생각한다. 제조를 한다면 수익성을 먼저 따지는 것이 당연하겠지만 캐릭터를 알린다고 생각한다면 수익은 작더라도 품질 좋은 초기 전략상품들이 필요하다.

Section 23 캐릭터의 성격에 따른 사업포인트

캐릭터는 여러 가지 분류방법에 따라 나누어지지만 그 출생성분에 따라 성격이 분류되기도 한다. 대체적으로 볼 때 TV 애니메이션물의 주인공 캐릭터는 대체적으로 완구를 중심으로 한 저연령층을 타겟으로 하며 그 인지도는 종영과 함께 서서히 시들해지는 경향이 있다.

나는 이와 같이 시간이 지남에 따라 생명력이 약해지고, 어느 시기가 되어서는 상업성이 없어지게 이르는 캐릭터를 'TIME性 캐릭터' 또는 '도박성 캐릭터' 라고도 명명한다.

반면 산리오의 키티나 우리 회사의 두기처럼 계획적인 상업용으로 개발하여 라이센시의 지속적인 노력을 통하거나, 스누피나 둘리처럼 만화 등의 작품성을 바탕으로 한 지속적인 커뮤니티를 통해 그 생명력이 긴 소위 '롱런 캐릭터' 가 있다.

따라서 그래프에서 보는 바와 같이 타임성 캐릭터와 롱런 캐릭터의 생명주기곡선이 다르다.

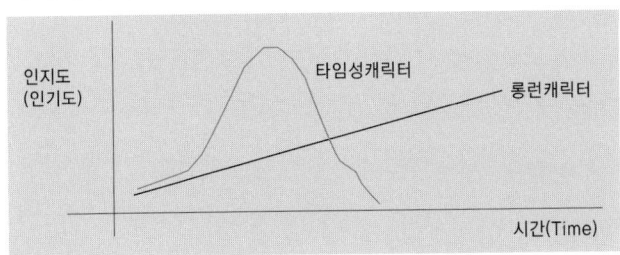

○ 〈그래프〉 캐릭터의 생명주기곡선 사례

캐릭터를 아웃소싱하여 자사 상품에 적용하려는 경우 이 두 가지 캐릭터의 생명주기곡선만 이라도 염두에 두고 캐릭터를 선택한다면 많은 회사들이 범하는 오류를 피할 수도 있다. 어떤 캐릭터의 상업성이 시간이 지나면 떨어지는 타임성캐릭터는 타겟 연령층에 적합한 상품을 순발력 있게 전개해야 되며, 재고량에 민감해야 하지만, 폭발적이고 집중적인 인지도가 있는 시기의 매출은 극대화 할 수 있다는 장점도 있다. 반면 롱런 캐릭터는 캐릭터에 의한 급작스런 매출향상은 없지만 꾸준한 인지도에 의해 상품의 수급을 예측할 수 있고, 꾸준한 제조에 의해 초기 고정비를 줄일 수 있다는 장점도 있다.

따라서 어떤 캐릭터를 검토한다면 그 캐릭터가 '타임성'이나 '롱런 캐릭터' 인가만이라도 분석하여, 타임성 캐릭터를 오래 잡고 늘어지는 사업구상을 하거나 롱런 캐릭터의 로열티를 '타임성 캐릭터'의 수준으로 지급하는 우를 범하지 말아야겠다.

타임성 캐릭터를 적용하려면 순발력이 필요하고, 롱런 캐릭터를 적용하려 한다면 인내심이 필요한 것이다.

구 분	장 점	단 점	특 징
롱런 캐릭터	꾸준한 인지도	타임성 캐릭터에 비해 캐릭터적용효과 낮음	예상가능한 머천다이징사업가능
타임성 캐릭터	높은 인지도 적용효과 높음	한정된 생명력 높은 로얄티	급작스런 인지도 하락에 의한 리스크

◆ 표 : 롱런 캐릭터와 타임성 캐릭터의 특징비교

Section 24 내 캐릭터가 성공하기 위해서는!

과거 캐릭터 상품을 많이 제조했던 회사를 경영하다보니 제법 많은 캐릭터 제안을 받게 되는데 상대가 기분 상하지 않게 적절한 표현으로 거절하는데 진땀을 빼기도 한다. 가끔은 우리 회사가 자신의 캐릭터를 사용해 준다면 필요한 상품화권을 일정기간 공짜로 주겠다는 철없는(?) 제안조차 받기도 한다.

짧은 시간에 책상 위에서 만들어진 캐릭터가 상품으로 몇 개 출시되었다고 그 캐릭터에 얼마나 많은 보탬이 될 것이라고 생각하는가?

캐릭터란 캐릭터 그 자체로서 생명력이 있어야 캐릭터로서의 가치를 발할 수 있음은 자명한 이야기다. 어떤 캐릭터를 개발하여 상업적으로 널리 활용되기를 원한다면 자신의 입장뿐만 아니라 다양한 관점에서 성장 가능성을 점검해 보고 개관적인 관점에서 성장가능성이 예상된다면 저작자로써 생명력을 부여할 수 있는 예비 작업들을 차근차근 수행하면서 캐릭터의 기초를 충분히 다진 후 라이센싱에 임해야할 것이다.

어떤 캐릭터가 생명력을 가지고 다양한 상품으로 출시되면서 지속적인 로열티 수익을 창출할 수 있는 소위 성공 캐릭터들은-낙타가 바늘구멍에 들어가는 경우만큼이나 어렵다고 표현했듯이-우연의 일치나, 남이 써줘서 성장하는 것은 없기 때문이다.

캐릭터란 고객들이 그 캐릭터를 접하는 순간 그 캐릭터를 인지하고 그 캐릭터에 대한 자신의 감정이 읽어져야 하는데 그렇게 고객의 마음속에 자리잡기 위해서는 다양한 경로의 활동과 지속성이 전제되어야 한다. 저작자로써 개발 단계에 노력할 수 있는 것은 캐릭터의 성격에 부합하는 '캐릭터의 사회적 활동'이나 각종 '커뮤니케이션 활동' 및 '기초적인 상품화 노력' 등이 필요하다. 로열티가 싼 그림 수준의 캐릭터를 회사의 운명을 좌우할 상품에 적용시키는 간 큰(?) 사장의 수가 얼마나 되겠는가?

캐릭터사업이란 원래 단기에 결정되는 사업이 아니다. 자식과 같은 애정을 가지고, 차근차근 생명력을 부여하면서 남보다 부지런한 노력을 아끼지 않을 때 비로소 고객들이 알아주는 기회를 접하게 되고 그 기회들이 수익으로 창출되어야 비로소 성공한 캐릭터가 되는 것이다.

Section 25 내 상품에 맞는 캐릭터의 선택

 몇몇 제조사 사장들은 다시는 캐릭터를 사용하지 않을 것이라고 말하기도 한다. 이유인즉 언제 어떤 캐릭터를 써서 덕을 못 봤는데, 그리고 누가 자기 것이 좋다고 해서 또 써봤는데 로열티만 날렸다는 것이다. 그리고 잘 될 것 같아 어렵게 유명 캐릭터를 활용해 봤는데 중복계약에 의한 분쟁이나 이전 라이센시 상품의 덤핑문제, 무엇보다 너무 과다한 로열티를 감당할 수 없었다고들 한다.
 더욱이 어린이 관련 상품을 제조하는 회사에서 조차 다시는 캐릭터를 사용하지 않겠다고 하는 식의 캐릭터 불신주의가 극에 달한 경우도 본 적이 있다.
 이런 오너들을 만나면 어디에서부터 설명해야 될지 막막하다. 미안한 이야기지만 그러한 오너들이 캐릭터나 브랜드를 선택하는 안목이 형편없는 것은 둘째치고 앞서 실패한 요인을 성공을 위한 경험으로 승화시키지 못한 채 점차 경쟁력이 약화되는 것을 보면 안타깝기만 하다.

> **캐릭터 선택의 초점**
> 첫째, 우리회사 상품의 주고객층(Age Taget)이 누구이며, 그들이 좋아 할 수 있는 캐릭터는 어떤 것이 있는가?
> 둘째, 타임성 캐릭터가 적합한가, 롱런 캐릭터가 적합한가?
> 셋째, 지불할 수 있는 로열티수준에 맞는 캐릭터는 어떤 것인가?

캐릭터란 말은 굉장히 광범위한 말이면서 그 분류 기준도 다양하다.
캐릭터의 형상에 따라 '인물 캐릭터와 동물 캐릭터'로 분류하기도 하는데 동물 캐릭터와는 달리 인물 캐릭터가 상품에 접목되어 성공한 사례는 드물다. 그래서 포켓몬스터의 경우도 애니메이션의 주인공역의 인물 캐릭터('지우')가 아니라 서브 캐릭터이면서 동물 캐릭터인 포켓몬을 상품화하는 것이다.

물론 일본의 '짱구는 못 말려' 경우는 좀 다르기는 하다. 짱구이외에는 상품화할 수 있는 캐릭터가 없거나 약하고('흰둥이'), 지속적인 애니메이션 개발에 의해 생명력의 지속성이 보장되어 사람 캐릭터인 짱구를 소재로 상품화가 진행되지만 그 인지도에 비해 다양한 상품에 적용되는 캐릭터는 아니다.

인물 캐릭터는 커뮤니케이션을 원활히 하기 위한 수단으로서 정치인 등이 활용하는 경우나, 자신의 특징을 살린 캐리커쳐로써 기념품을 제작하는 경우처럼 상업적으로 널리 활용되기에는 제한이 있다. 그리고 소위 '스타 캐릭터'라고 하는 인물 캐릭터의 성격이나 사업적 특징은 다소 다르다.
'스타 캐릭터'란 말 그대로 유명한 연예인, 스포츠 선수, 정치인 등 유명세가 있는 인물 캐릭터를 말하는데, 주로 그 인물을 캐릭터화 하거나 그 사진 등을 활용한 상품으로 상업화된다. 이러한 스타 캐릭터란 인기에 편승한 '타임성 캐릭터'이며, '상업적 가치의 하락 시점'을 예상하기 어렵다는 특징을 고려해야 한다.

또한 실존하는 사람을 기초로 한 캐릭터이니 만큼 안티팬(Antifan)들도 상당수 존재할 수밖에 없다는 점도 상업적으로 고려해야 하며, 역시 순발력 있게 필요한 곳에 유통할 수 있다는 전제하에서 효율성을 높일 수 있을 것이다.

캐릭터의 선택에 있어서 'Age Taget의 고려'가 중요하다.
예를 들어 어떤 캐릭터는 주 고객층이 7~8세로 고정되어 있는가 하면, 주부층까지 좋아하는 캐릭터가 있다. 이는 이론적으로 명확히 설명하려면 실제의 캐릭터를 예로 들어 설명해야 하므로 곤란하겠지만, 캐릭터의 색감이나 설정분위기 자체가 낮은 연령층에 제한된 캐릭터를 어른들이 사용하는 생활용품에까지 적용하는 우는 범하지 말아야 하겠다.

우리나라 캐릭터 산업은 70년대부터 디즈니 중심의 해외 캐릭터 위주로 상품화 시장으로부터 성장되다가 90년대 들어 우리나라 자체 콘텐츠가 개발되기 시작하면서 2005년 현재 국내 캐릭터의 시장 점유율이 약 30% 수준에 이르고 있다.
아직까지 해외 캐릭터가 절대적인 우위를 차지하고 있는 우리나라 캐릭터 산업의 특징 중 하나가 '캐릭터의 집중화'를 들 수 있는데 긍정적 측면도 많겠지만 부정적 입장에서는 '남이 하면 따라 한다'는 종속적 사고의 폐해도 크다고 볼 수 있다. 따라서 어떤 캐릭터의 수요 집중화는 앞서 언급한 '해외 캐릭터의 라이센싱 구조'와 맞물려 캐릭터의 성격을 따지지 않고 과도한 로열티를 지불하고, 전전긍긍하는 오너들을 많이 봐 왔다.

캐릭터를 사용하는 대가로 지불하는 로열티라는 것은 그 캐릭터를 활용하여 그만큼의 부가가치나 상품 회전력을 올릴 수 있을 때 경쟁력을 확보할 수 있는 것이다. 누가 한다고 따라 할 것도, 경쟁자가 계약하여 앞서는 것을 방지하기 위한 수단으로서 비싼 캐릭터를 채택할 것도 아니고 진정 필요하다고 판단되고, 그만큼의 부가가치를 확신할 때 선택하여 남보다 경쟁우위를 확보해야 할 것이다

'싸다고 무조건 좋은 것도, 남이 한다고 무조건 좋은 것도 아니며 잘 선택한 캐릭터에 적절한 로열티를 지급하는 것이 캐릭터 라이센서와 상생의 길'을 가는 것이라 생각한다.

Section 26 내가 만든 캐릭터는 나 혼자만?

　앞서 우리나라 캐릭터 산업의 특징 중 하나로 '캐릭터의 집중화'를 꼽았는데 이는 총 시장규모를 좌우하는 캐릭터가 몇 개 되지 않는 해외 캐릭터에 집중화되어 있었다는 이야기이다. 점차 멀티 캐릭터시대로 들어 캐릭터의 분산화가 이루어지고 있으나 이런 한정된 캐릭터에 대한 집중화 현상과 남 잘되는 것을 못보고 있는 몇 몇 회사의 잘못된 경쟁심리에 의해 특정 캐릭터의 특정 분야의 상품라이센시가 해마다 바뀌는 사례가 빈번했다.

　그렇지 않으면 기존 라이센시는 매해 전년에 비해 상당히 올라간 로열티를 지불해야만 하는 구조인 것이다. 뒤에서 언급하겠지만 이러한 연유에서 유명 캐릭터를 지속적으로 유지하기는 매우 어려운 것이며, 잘못 생각하면 그에 비해 인지도나 완성도가 떨어져 보이는 국내 캐릭터를 새롭게 적용하기란 내키지 않을지도 모른다.

　그래서인지 최근 몇 년 전부터 많은 회사들이 자체 캐릭터를 개발하고 해외 유명캐릭터를 안 쓸 바엔 자체 캐릭터를 쓰겠다고 하는 기업들이 많이 늘어났다.
　객관적으로 생각해봐도 500만원, 1000만원 주고 남에게 의뢰하여 검증의 시각 없이 개발된 캐릭터를 한정된 내 상품 분야에 적용하여 얼마만큼의 효율을 낼지를 곰곰히 생각해 볼일이다.

제조사가 남의 캐릭터를 잘못 적용하면 큰 손실을 볼 수 있다고 하면서 내 캐릭터라고 그렇지 않으란 법은 없는 것이다.

최근 이러한 과정을 거치면서 수업료를 톡톡히 치룬 회사들을 많이 봤다. 제조사들은 해당상품의 제조에는 전문성이 있지만, 브랜드나 캐릭터에 대한 전문성을 떨어질 수밖에 없는 것이 당연하므로 올바르게 선별할 수 있는 시각을 길러야 하겠다.

내 상품에 적합한 캐릭터를 선택할 수 있는 안목을 키우는 것은 캐릭터사업분야의 고유영역도 아니고 내가 노력하여 가질 수 있는 경쟁력인 것이다.

적어도 캐릭터 분야에선 '내가 만든 내 것을 나 혼자 써서 속시원한 경우'는 본적이 없다. 그렇다고 무조건 안 된다는 말은 아니다. 앞서 언급했듯이 내가 개발한 캐릭터가 객관적 입장에서 캐릭터로써 성장가능성이 있다면, 다양한 노력을 통해 생명력 있는 캐릭터나 브랜드로써 성장할 수도 있다.

그렇지만 그러한 작업은 캐릭터사업을 전업으로 하는 캐릭터회사의 몫일 것이다.

Section 27 유명 캐릭터의 적용 검토

　세계적으로 널리 알려진 캐릭터를 자사의 상품에 적용한다는 것은 캐릭터의 인지도를 그대로 반영할 수 있어 가슴 설레는 일일 것이다. 그러나 많은 기업들이 동일한 아이템을 돌아가면서 적용하는 데 대한 부정적인 측면도 있고, 비싼 로열티를 감당하지 못하는 사례도 있는가 하면, 기껏 노력하여 경쟁자만 양성하며 남 좋은 일만 하는 식의 부정적인 사례도 많다.

　무작정 유명하다고 좋은 것이 아니라 우리상품에 적합한가?
　캐릭터활용에 대한 부가가치창출이 가능한가? 하는 측면들을 충분히 검토해야 할 것이다. 유명 캐릭터의 적용을 검토한다면 우선 해외 유명 캐릭터의 라이센싱 구조를 이해해야 한다.
　널리 이름이 알려진 세계적인 엔터테인먼트사의 경우 본사가 따로 있으면서 라이센싱이 어느 정도 가능한 나라에는 지사라는 체계로 대부분 소위 인센티브제(실적에 의한 능력주의 인사제도)를 적용하여 모든 의사결정의 기본이나 정책의 최우선이 '로열티의 액수'에 초점이 맞추어져 있다고 할 수 있다.
　그러다 보니 자연히 로열티지급액수에 따라 파트너가 빈번히 바뀔 수 있고, 중복계약에 의한 분쟁이 잦을 수밖에 없을 것이란 해석이 자연스럽다고 할 수 있으며, 이런 구조에 의해 오래 갈 수 있는 캐릭터가 일정시간이 흐르면 쇠퇴해지게 될 수도 있는 것이다.

특정 캐릭터를 꼬집어 이야기하기는 그렇지만 과거 우리나라에서 많은 상품화가 되었던 캐릭터 중에 일본이나 홍콩 등에서는 아직 많이 활성화되고 있는데 유독 우리나라만 이미 식상한 캐릭터가 된 경우를 볼 수 있다면 우리나라가 세계 어느나라보다 그러한 경우가 심하다고 할 수 있을 것이다. 따라서 지속적으로 적용할 가능성에 대한 검토를 국내 시장에 비추어 객관적으로 수행해야 하며, 수출을 염두에 둔 상품이라면 각 국의 이해당사자들이 있다는 것을 고려해야 한다. 즉, 적용상품에 대한 그 나라의 라이센시가 있는가 하면, 그 나라의 라이센서(지사)도 있어 수출하기가 쉽지 않을 것이다. 물론 그 나라의 라이센시가 마침 우리의 상품을 수입하는 경우에는 예외일 것이나 로열티가 비싼 만큼 대부분 자체적인 경쟁력을 가진 회사들이 그 품목을 채택하고 있기 때문에 쉬운 일이 아닐 것이다.

우리회사도 과거 디즈니, 딕브루너 등의 해외 유명 캐릭터를 많이 적용한 적이 있는데 어렵게 찾아 오는 해외바이어에게 조차 팔지 못하는 안타까움이 컸던 것으로 기억된다. 이와 같이 무작정 인지도만 높은 것이 좋은 것만은 아니다. 어떤 캐릭터의 성격이나 생명력의 지속성 여부를 따져 우리 상품에 어떤 캐릭터가 적합한가를 따지면서 로열티를 감안한 부가가치를 창출할 수 있는가 아니면 회전력을 올릴 수 있는가를 면밀히 검토함과 아울러 이미 적용한 기업에 대한 사례를 분석하는 노력이 필요하다.

Section 28 세계 최초의 캐릭터 상품에 대한 생각

　캐릭터 마케팅이란 캐릭터가 필요한 회사에 자사의 캐릭터를 요약된 방법으로 알리고, 1차적으로 필요하리란 예상업체에 캐릭터의 특징과 예상효과, 라이센싱 비용 등 미래의 라이센시에게 필요한 정보를 효율적으로 제공하여 궁극적으로는 계약에 이르는 일련의 영업 활동이다.

　캐릭터의 시장규모 중에 절대적으로 우위를 점하는 분야가 바로 캐릭터 상품분야이다. 따라서 다양한 상품에 캐릭터를 잘 적용시켜야 캐릭터 마케팅은 성공할 수 있다. 앞서 말한 것처럼 캐릭터 상품은 다양한 영역으로 확대되고 있으며 그 종류는 엄청나지만 만일 캐릭터 종류마다 다양한 상품이 쏟아 진다면 이 세상은 캐릭터 상품밖에 없을 것이다.

　진정한 의미에서의 캐릭터 상품이란 '캐릭터란 이름의 그림만 부착된 상품'이 아니라 '캐릭터의 가치를 인식할 수 있는 캐릭터가 구사된 상품'이라고 할 수 있다. 이런 맥락에서 보면 어떤 캐릭터의 가치가 소비자에게 인식될 수 있는 범위는 그 캐릭터의 상품 종류와 영역을 보면 짐작할 수도 있다. 특히, 캐릭터 산업 전체에서 캐릭터

상품의 시장규모가 차지하는 비중이 크기도 하기 때문이다.

어떤 방식으로 캐릭터 라이센싱을 하여야 할 것인가에 대해서는 후술하기로 하고 어떤 상품에 접목하고, 어떤 방식으로 상품화를 확대해 갈 것인가 하는 측면에 대해 얘기해 보고자 한다.

우리가 라이센싱하고자 하는 캐릭터가 진정으로 가치 있고, 성장경로에 있는 롱런 캐릭터라면 언젠가는 다양한 상품으로 접목되겠지만 시간이 곧 돈이라는 입장에서는 무작정 좋은 상품을 가진 회사가 찾아오거나 대충 여기저기 제안해 보는 소극적인 마케팅보다 '캐릭터 상품 적용 MAP'을 작성하여 체계성 있게 상품화를 추진하는 것이 좋다.

물론 완구분야의 애니메이션 캐릭터는 TV방영을 통한 인지도 향상에 의해 상품제조회사가 찾아 올 수 있는 경로만 잘 설치해 놓는다면 일시에 다양한 분야로 확대가 가능할 것이나 일러스트 캐릭터[7]의 경우 한 분야, 한 분야로의 적용을 확대해 가는 마케팅을 할 수밖에 없는데 이런 경우 어떤 상품을 위주로 라이센싱을 추진할까 하는 측면의 고려가 필요하다.

그냥 남들이 하는 품목에 여기 저기 제안해 보는 방법보다는 일반적으로 캐릭터를 사용하는 분야에 더하여 어떤 상품에 적용하면 더욱 효용가치를 낼 것인가와 아울러 이런 상품에는 캐릭터가 가치를 발할 것이다 하는 기발한 발상이 있으면 좋을 것이다. 다시 말해 라이센싱을 주업(主業)으로 하는 회사라면 최근에는 '이런 상품에 캐

---

7) 일러스트캐릭터란 캐릭터를 상업화하기 위하여 계획적으로 개발된 캐릭터를 말하며, 다른 말로 오리지날 캐릭터라고도 한다.

릭터가 적용되면 효과가 있을 텐데' 하는 상품을 구상하고 그 상품을 가장 잘 전개할 수 있는 회사를 탐색하여 제안하는 등의 일련의 방법으로 라이센싱을 확대하는 것은 어떨까?

이 글을 읽는 독자들에게 발상의 부지런함을 권유하는 입장에서 내가 생각하고 있는 몇 가지 세계 최초가 될 수 있는 캐릭터 상품을 소개해 보겠다.

캐릭터 솜사탕, 팝콘 제조기기

최근 솜사탕기기들이 포터블형으로 개발되어 판매되면서 교회의 전도행사용으로 많이 팔린다고 한다. 설탕 몇 스푼의 원가에 비해 솜사탕이 주는 효과가 이벤트적이면서 감성을 자극할 수 있는 효과가 있기 때문인데 솜사탕기계에 캐릭터 스티커를 부착한 것들을 자주 볼 수 있다.

만약 어느 정도 알려지고 오랜 기간 생명력을 가질 수 있는 캐릭터 형상으로 솜사탕기계를 만든다면 어떨까?

하나는 KFC 매장 앞에 할아버지 인형이 있듯이 FRP[8]로 제작한 큰 캐릭터 모양의 솜사탕기기를 생각할 수 있고, 또 하나는 팝콘기계와 함께 이벤트행사 테이블 위에 놓을 수 있는 크기의 캐릭터 솜사탕 기기를 생각할 수도 있을 것이다.

캐릭터의 전신모양을 이용한 대형 캐릭터 솜사탕기기는 대형 식당의 출입구에 위치해 고객들이 쉽게 기억할 수 있는 특징 있는 요소는 물론이거니와 사탕대신 어린이 고객에게 하나씩 서비스로 준

---

8) FRP란 Fiber Glass Reinforced Plastics의 약자로 불포화 폴리에스테르수지를 유리섬유로 강화한 프라스틱 구조물 소재

다면 어른을 따라 온 어린이 고객들이나 연인들에게 또다시 오고 싶은 식당으로 될 수 있을 것이다.

◐ 일반적인 솜사탕 기기의 모양

내가 식당의 주인이라면 이런 솜사탕기계 정도는 디스플레이 해 보고 싶지 않은가? 더구나 30원 들여 유원지에서 1,000원에 파는 솜사탕[9]을 한 개 만들 수 있다는데!

이런 생각에 국내 솜사탕기기를 제조하는 사장을 만나 제안을 해 본적이 있는데 그 규모가 조금의 금형투자나 로얄티의 지불을 허용할 입장이 못되는 규모여서 내 기억에만 묻어 두고 있는데, 나는 언젠가 꼭 한번 캐릭터 솜사탕기기를 만들어 보고 싶다.

◐ 두기 솜사탕기계의 구상 예시

---

9) 솜사탕의 주재료인 설탕이 솜사탕 한개에 들어가는 비용이 30원 정도임을 의미한다.
　나는 이런 생각을 하면서 실제로 솜사탕을 만들어 보기도 했고, 많은 사람들과 의견을 나누기로 했다.

캐릭터 어린이 김치

요즘의 어린이들의 식습관을 생각해보자.

햄버거와 콜라가 주를 이루고 있는 추세에 비만아가 늘어나며 섬유소 결핍증과 성인병의 연령층이 낮아진다는 보도를 자주 접하게 된다. 요즘 어린이들이 김치를 기피하고 입맛 또한 서구화되고 있다는 이야기이다.

김치는 가장 한국적인 음식이며 영양적 측면에서도 우수함이 밝혀진 바 있다. 특히 육식의 소비가 늘어나는 지금의 식생활로는 김치의 중요성이 더 강조되고 있는 것이다. 업계에서는 맵거나 짜지 않으면서 과일즙과의 다양한 조화로 어린이김치를 만들어내는 등 김치가 어린이들에게 친숙해질 수 있도록 최선을 다하고 있는데, 캐릭터를 특히 선호하는 어린이들의 상품에 캐릭터를 적용하는 생각은 어쩌면 당연할지도 모른다.

식품산업분야에서도 어린이 전용제품을 개발하고, 어린이의 감성에 맞는 캐릭터를 활용한 마케팅이 자리를 잡아가고 있다. 이제 고유의 음식인 김치를 어린이 입맛에 맞게 제조하여 특화된 서비스를 제공해야 할 때라고 판단되어 몇몇 기업들이 어린이 전용 김치를 제조, 유통하고 있다.

우리나라 부모들의 자식에 대한 정성 특히 교육, 건강에 관한-이 지극한 요즘 어린이 전용 상품에 기존 브랜드를 고집하거나, 전문성 없는 그림수준의 캐릭터를 사용한다면 경쟁자보다도 느린 성장을 보상받을 수밖에 없다고 생각한다.

만약 어린이 김치에 캐릭터를 활용한다면 어떤 효과가 있을까?

하는 관점을 열거해 보자.
- 세계최초 어린이 캐릭터김치의 기득권을 확보하자!
- 최초의 상품을 오리지날로 인식하는 소비자의 습성을 감안할 때 경쟁사의 다양한 캐릭터 상품 출시에 대비한 최초상품의 이미지 선점 필요.
- 어린이에게 우리의 김치가 친숙해 질 수 있도록 아이들이 좋아하고, 오래 쓸 수 있는 캐릭터를 활용하자!
- 김치가 좋다는 말을 어떻게 표현하여 상품회전력을 높일 것인가?
- 권위 있는 브랜드 보다 친근감 있는 캐릭터를 커뮤니케이션 도구로 활용하여 고객과 눈높이를 맞춘 마케팅이 적절.
- 내용만 어린이 상품이 아니라 포장과 커뮤니케이션도 어린이에 적절하게 하자!
- 캐릭터의 이미지를 활용하여 추가적인 구매고객을 확보하자!
- 특히 캐릭터 마케팅을 도입하여 어린이들에게 친근하게 접근하는 방법이 어린이용 신상품의 매출확대에 필수적이라고 생각되지 않는가?

○ 최근 몇 종류의 어린이 전용김치가 시중에 유통되고 있다.

캐릭터 홍삼, 녹용 (어린이 전용)상품

인삼, 홍삼이 몸에 좋다는 것은 누구나 아는 사실이다.

나는 금산에서 홍삼 액기스 상품을 제조하는 친구가 있는데, 팔아 준다는 작은 성의로 늘 냉장고에는 홍삼액이 있다. 나도 남들처럼 아이들을 끔찍이 아끼는 부모라 먹을 것 하나도 아이 것을 먼저 챙기는 보통의 아버지인데, 그래서 홍삼도 아이들과 같이 마신다.

몸에 좋아서 마시는 것이 반드시 맛과 비례할 수는 없는데 특히, 홍삼과 같은 상품은 김치와 마찬가지로 아이들이 마시기를 꺼려하는 것 같다. 몸에는 분명 좋은데 맛은 별로인 상품이라면 그것을 애용해야하는 어린이에게 '맛은 별로지만 마시면 몸에 좋으니 자주 마셔라' 하는 메시지를 어떻게 전달할 수 있을까? 그것도 불특정 다수에게 말이다.

나는 이런 경우 바로 캐릭터가 적절한 마케팅 요소라고 생각한다. 캐릭터를 좋아하고 선호하는 계층인 어린이의 눈높이에 맞춘 캐릭터 마케팅이 필요하지 않겠는가?. 그리고 그 제품에 칼슘이나 초유나 어린이 성장에 보탬이 될 수 있는 성분을 추가하여 좀더 특화된 캐릭터 상품으로 만들면 더욱 좋을 것이다.

캐릭터 쥬니어 생리대
나는 아들만 둘을 키워서 딸의 성장과정에 대해서는 잘은 모르지만, 요즘 애들은 성장속도가 과거 보다 빨라 초등학교 고학년이 되면 이미 초경을 겪는 애들이 많다고 한다. 누구나 사춘기 때의 몸의 변화가 본인에게는 대단히 민감한 현상이고, 특히 감성적인 여자 아이에게는 더욱 그러하다고 한다.

여러 가지 상품들을 고민하다 문득 여학생들을 상대로 한 캐릭터 생리대는 어떨까 생각해 보고 주위 사람들에게 반응이나 의견을 조사하는 계기를 가져 봤다. 캐릭터의 효과 중에 커뮤니케이션 효과뿐만 아니라 디자인적으로도 구매심리를 잘 연구하여 출시한다면 나는 꽤 캐릭터가 어울리는 상품일 것이라는 생각을 하게 되었다.

물론 이런 상품을 만드는 회사에서 자사의 브랜드를 집착하지 않고, 이런 점을 같이 생각해야 그런 상품을 시중에서 볼 수 있겠지만 말이다.

캐릭터와 식물의 만남

2005년경에 '플라워캔' 이라는 상품이 유행한 적이 있었다.

이 상품은 각종 씨앗을 캔에 포장하여 쉽게 선물로 주고받거나 취급이 용이하여 판촉 및 각종 쇼핑몰에서 인기가 많았다. 그 중에서도 제크콩이라고 불리는 손가락 두 마디 정도의 크기를 가진 콩에다가 글자를 레이져 가공하여 이른바 '매직빈' 이라는 상품이 인기가 좋았다. 주로 'I LOVE YOU' 등을 새겨 넣어 캔 뚜껑을 따고 약1주일간 물을 주게 되면 그런 글자를 새긴 콩이 발아하는 신기한 상품이었다.

일반적인 가공방식에 의한 상품이므로 특허로 등록되지 못하는 이 상품은 중국, 대만에서 수입품이 들어오고, 여러 업체에서 생산하게 되자 유통질서가 엉망이 되었다. 그도 그럴 것이 저급한 수입품이나 국산콩을 사용하는 좋은 상품이나 특징 없는 일반적인 디자인에 의해 좋은 상품이 소비자에게 꾸준히 인식되지 못하였던 것이다.

특히, 식물이란 특성에 의해 유통을 다양화하지 못하는 등의 요인으로 반짝 상품으로 소비자의 눈에서 멀어지게 되었다. 이때쯤 나는 그것을 생산하는 업체에 캐릭터사용을 권고한 적이 있는데 결국은 적용하지 못했다.

만약 세계 최초로 식물에 캐릭터를 적용한다면 어떤 효과가 있을까? 위에서 말한 '매직빈'이라는 상품에 한정해서 생각해 본다면,

- 무분별한 유사상품으로부터 보호를 받을 수 있으므로 타 상품과의 차별성을 확보하고, 지속성을 보장받을 수 있으며,
- 상품판매영역을 확대할 수 있으며,
- 캐릭터의 인지도와 디자인의 친숙성에 의해 매출액을 증대시킬 수 있고,
- 신제품개발시 발상의 경로가 다양한 장점이 생길 것이다.

이 상품은 운반과 보관이 편리한 신개념의 관상용 화분이며, 연인간의 선물, 집들이 선물, 각 가정의 관상용 화분으로 활용이 되고, 특히 초등학교 학생들의 자연학습 교재로서 그 활용가능성이 충분히 인정되고 있는 신개념 상품임에 틀림이 없었다.

만일 그러한 관점에서 캐릭터를 강하게 선호하는 계층인 초등학생들의 관찰용으로라도 꾸준히 판매할 수 있었다면 오늘날 그런 상품이 '반짝 상품'으로 끝나지 않았을 것이다. 도시생활 속에서 작은 화분들은 그 자체가 관상용이며, 디스플레이상품인 것이다. 이왕이면 생명력 있는 캐릭터 모양의 화분이 활용된다면 식물과 사람과의 케뮤니케이션도 더욱 긴밀해 질것이다.

◐ 글자를 새긴 콩이 발아하는 매직빈

비밀번호로 열 수 있는 저금통

언젠가 TV드라마의 주인공이 큰 돼지저금통을 들고 나와 화제가 된 적이 있다.

나는 그 드라마를 보면서 그리고 평소 돼지저금통 일색의 저금통류를 보면서 차별화 된 어떤 것이 없을까를 고민하다 문득 비밀번호로 열 수 있는 저금통은 어떨까?를 고민하게 되었다. 시중에 있는 대부분의 저금통이 프라스틱이나 캔을 소재로 한 것으로서 돈이 차면 찢거나 평소에 캔뚜껑을 열었다 닫았다 할 수 있어 저금통으로서의 기능성이 떨어지고, 도자기상품은 깨질 우려 때문에 고급스러우나 위험스럽기까지 하다.

만약 자신이 설정한 비밀번호로 저금통을 열고 닫을 수 있다면 동전 뿐만 아니라 소중한 것들을 보관할 수 있는 금고의 기능도 할 수 있을 것이다.

문득 일어난 발상을 현실화할 확률을 높이려면 상상만하지 말고 부지런히 메모해 보라!

가장 기본적인 상품개발법이 생각을 글이나 도면으로 옮기는 데서부터 출발하고, 상상으로만 끝난다면 끊임없는 상상도 어떤 현실정 있는 결과를 가져다 주지 못할 것이다.

나는 몇번이나 도면을 수정하고, 방법을 생각하고 해서 연필모양의 형태에 비밀번호링을 만들어 넣는 방법으로 프라스틱 구조물을 개발하여 특허를 출원하고 상품화하였다.

이 상품은 2005년말에 본격적으로 출시되어 중소기업 우수상품으로 선정되고 소량이나마 일본,미국으로 수출되기 시작하였으며,

세계 어떤 상품도 비교할 것이 없는 세계 최초의 비밀번호 저금통이 된 것이다.

특히, 분해 조립이 가능하여 어린이 지능개발상품으로 인정받고 있어 오랫동안 팔 수 있는 상품이라 생각된다.

그리고 남과 비교할 수 없는 라이센서의 독특한 상품은 캐릭터의 인지도 확산에 많은 도움을 줄 것이며, 캐릭터 생명력을 심화시키는 좋은 재료가 된다. 앞서 말한 바와 같이 독자들에게 발상의 부지런함을 권유하기 위해 이 상품을 소개하는 것이다.

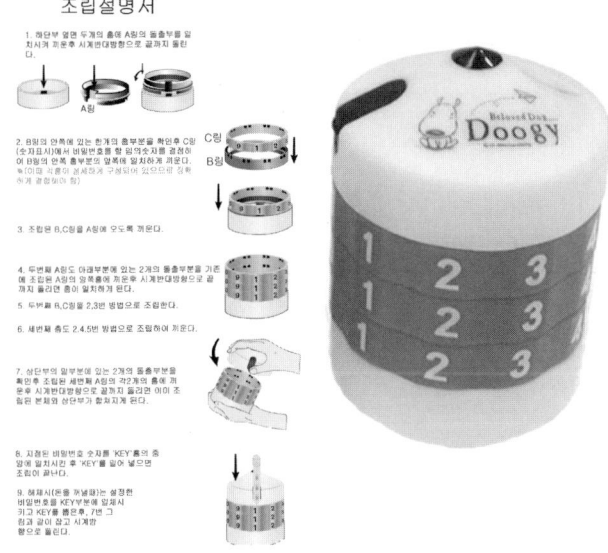

○ 세계 최초의 비밀번호 저금통

어린이 캐릭터 한복

한복은 우리나라의 고유한 의상으로 한국을 대표하는 상징물이기도 하다. 전통적인 한복은 실생활에서 다소 거추장스럽고, 불편하여 요즘은 개량한복이라 하여 편의성을 높인 상품들이 많이 출시되고 있다.

어린이의 개량한복도 많이 출시되는데 특히 캐릭터를 소구하는 어린이의 경우 아이들이 좋아하는 캐릭터를 넣어 만든다면 어떨까? 팔꿈치 부분이나 주머니 윗부분에 자수로 표현하거나 캐릭터모양의 단추를 사용하는 것도 고려해 볼 수 있을 것이다.

마트에 가보면 수많은 캐릭터 아동복이 팔리고 있고, 먹는 것, 입는 것, 쓰는 것 등 모든 캐릭터상품이 즐비한데 한복이라고 '고객의 니즈에 적합한 디자인'을 하지 말라는 법은 없을 것이다.

누구도 적용하지 않은 이 또한 세계 최초의 상품이 될 것이다.

교회용품과 캐릭터의 만남

내가 아는 어떤 회사는 Jesus 캐릭터를 개발하고 각종 상품에 적용하여 기독교 백화점 등에 상품을 공급하고 있는데 그 캐릭터가 일반 시장과의 연계성이 부족하여 그리 활성화 되지는 못하는 것으로 알고 있다.

앞에서 한복을 이야기한 것처럼 기독교인들도 일상생활을 같이 하는 시민이라면 알려지고 더욱 보편화된 캐릭터로 디자인된 교회용품도 이상할 것이 없을 것 같다. 나는 이러한 발상에서 요즘 '찬양반주기'라는 상품을 캐릭터상품화 하는 작업을 하고 있다.

아마 이 책이 출간될 때 쯤이면 '두기 찬양반주기'가 시중에서 팔리고 있을 지도 모른다. 알려진 캐릭터가 상품디자인에 포함되어 상품을 부드럽게 하고, 소비자에게 더욱 좋은 신뢰를 줄 수 있다면 교인들이 사용하는 상품이라도 캐릭터상품의 영역안에 있을 것이다.

이른바 '찬송가 가라오케' 라고 할 수 있는 이 상품은 고가(高價)대의 상품으로 출시되고 있지만 보편적인 가격으로 캐릭터가 채택되기는 이 또한 세계 최초의 '캐릭터 찬양반주기' 가 될 것이다.

◐ 두기 찬양반주기

Section 29 로열티의 적용방법

　로열티란 타인의 캐릭터, 브랜드, 기술 등을 사용하는 대가로 지불하는 비용이라고 간단히 말할 수 있다.
　로열티를 적용하는 방법에는 일정기간동안 일정금액을 지불하는 이른바 '덤섬(lumpsum)' 방식과 매출 또는 활용도에 따라 일정비율의 액수를 지불하는 '런닝(running)' 개런티 방식으로 구분할 수 있다.

　럼섬방식은 일일이 매출액을 산정하기 어려운 경우나, 마진구조가 취약하여 일정한 로열티를 원가에 산입하기 어려운 상품일 경우 일정한 기간에 상응하는 로열티를 정액으로 정하여 일시에 지불하는 등의 방안으로 활용된다. 이는 계산이나 거래가 간단하고, 라이센서 입장으로는 목돈을 일시에 받을 수 있다는 장점도 있으나, 계약기간 종료 후에도 계약기간내의 상품이 지속적으로 유통되어 이후 라이센시에게 영향을 줄 수 있는 라이센시관리의 문제가 야기될 수도 있고, 라이센시의 실적을 정확하게 반영한 로열티가 아니라는 단점이 있다.
　즉, 어떤 라이센시가 럼섬방식으로 계약하여 계약기간 내 대량으로 생산하여 계약종료 이후에도 타 업체의 상호로 지속적으로 영업을 한다면 해당품목의 계약자는 영업이 위축될 수 있는 것이다.

일반적으로는 런닝 개런티 방식을 많이 채택하고 있다. 이 런닝 개런티 방식으로 계약을 할 때는 순수하게 매출실적에 따라 일정 %를 매달 혹은 분기별로 지불하는가 하면 대부분의 경우는 계약기간 동안 예상되는 일부의 로열티를 계약시 선불로 받는 미니멈 개런티를 적용한다.

예를 들어 어떤 상품에 캐릭터를 적용하고 미니멈 개런티를 계약시에 1천만원내고 로열티율을 매출액의 10%로 계약했다고 하자.
이는 라이센시가 해당상품의 매출액(주로 도매매출액)의 10%로 계산하는 로열티액 중 천만원을 선금으로 지불한 셈이 되는 것이며, 천만원이 초과하는 금액에 대해서는 약정된 기간별로 추가 지불하는 방식이다.
그러나 계약 기간 동안의 총로얄티(매출액×10%)가 미니멈 개런티로 지불한 천만원을 넘지 못한 경우 그 차액은 돌려 받을 수 없으며, 기지불한 미니멈 개런티 총액으로 로열티가 상계되는 것이다. 라이센서가 계약시 미니멈를 요구하는 것은 순수 런닝 방식의 계약시 라이센시가 계약 이후 조기에 상품개발을 하지 않는 경우에 그렇지 않은 업체에 라이센싱한 경우에 견주어 기회 손실을 입지 않기 위한 보완장치이기도 하며, 극단적인 경우에 최소한의 로열티라도 확보하기 위한 수단이기도 하다.

미니멈 개런티의 요구수준은 라이센서마다 다를 수 있는데 유명 캐릭터 일수록 그 액수가 크며, 해외 캐릭터인 경우 무리한 액수를 요구하기도 하는데, 업체간 경합이 된 경우에 계약기간동안의 예상 매출액이 80%가 달성된 것을 전제로 해당액수를 지불하는 경우도 본 적이 있다.

아무튼 라이센시 입장으로는 해당 캐릭터를 적정한 로열티를 주고 그 캐릭터를 사용하지 않을 때보다 경쟁력을 확보하는 것이 중요할 것이며, 라이센서 입장에서는 어떤 당사자와 계약에 이를 때 가장 효율적인 로열티를 확보함과 동시에 라이센시가 품질 및 디자인을 잘하여 캐릭터의 이미지가 저하되지 않고 더욱 발전적으로 될 수 있는가를 중요하게 생각할 것이다.

이상에서는 아주 현실적인 관점에서 캐릭터를 계약할 때 로열티는 어떤 방식으로 지불되는가를 쉽게 기술하였는데, 이를 간략히 요약하면 다음과 같다.

로열티 지불방식	내용
정액 로얄티/일시불 로열티 (Lumpsum Methods)	캐릭터 소유자가 Licensee에게 캐릭터의 사용권리를 넘겨주고 이에 대한 비용을 계약과 동시에 일괄 지급하는 방법
러닝 로열티 방법 (Running Royalty Methods)	캐릭터 소유자 또는 위임받은 Licensor에게 계약된 로열티율에 따라 일정기간별로 로열티를 지불하는 방법으로 그 기준은 주로 라이센시의 매출액을 기준으로 한다
미니멈 로얄티 (Minimum Royalty)	최저 Royalty 보장액 (일종의 보증금)으로서 러닝 로얄티 방식에 미니멈 로얄티를 적용한 방법이 가장 일반적으로 사용된다

○ 표 : 로열티 지불방식에 따른 분류

Section 30 적정한 로열티 수준

어떤 캐릭터를 사용하고자 할 때 가장 궁금한 것 중에 하나가 로열티가 얼마냐 하는 것이다.

앞서 로열티의 지불방법에 대해서 설명했듯이 현실적인 궁금증은 역시 해당 캐릭터를 소유한 라이센서에 문의해 볼 수밖에 없고, 그 기준은 라이센서의 고유권한에 속하는 것이어서 항의 할 수도 없는 것이다.

적정수준의 로열티를 역시 라이센서와 라이센시의 두 입장에서 살펴 볼 수 있을 것이다. 라이센서 입장에서의 적정한 로열티수준에 대한 사고의 출발점은

- 타인에게 라이센싱하였을 때 보다 유리한가? 불리한가?
- 타 라이센시와 형평의 원칙에 어긋나지 않는가?
- 개발, 마케팅의 투자비에 비하여 만족할 수 있는 수준인가?

라이센시 입장에서의 적정한 로열티 수준에 대한 사고의 출발점은 라이센서가 요구하는 로열티를 지불하고도 캐릭터를 사용하는 의미(수익적 측면의 부가가치 창출가능성이나 기타 기업경쟁력 향상)를 찾을 수 있는가? 하는 것이다. 그러나 가장 바람직한 이론적인

로열티 수준에 대한 견해로는,

- 해당 국가의 문화적 수준
- 적용하고자 하는 상품의 부가가치정도 혹은 시장경쟁정도
- 해당 캐릭터의 성장가능성 등을 종합적으로 감안한 수준에서 결정하는 것이 가장 이상적일 것이다.

그러나 라이센서의 이기적인 입장으로서는 분야마다 로열티를 가장 많이 주는 회사를 선택하면 된다는 이론의 여지가 없는 현실이 있기도 하며, 예상 부가가치의 수준이란 소비자가 지불할 수 있는 최고의 용납가격을 예상할 수 있어야 하는데 이 또한 어려운 이야기이다.

결국 현실적인 판단기준은 해당 캐릭터를 사용하고자 하는 라이센시가 라이센서의 요구 수준을 감당할 수 있는가? 또 그러한 로열티를 지불하고도 유형, 무형의 경쟁력을 확보할 수 있는가?에 대한 스스로의 결정일 것이다.

Section 31 PLAN-DO-SEE의 끊임없는 노력, 캐릭터 마케팅

캐릭터 라이센싱을 주업으로 하는 캐릭터회사에 있어서 좋은 캐릭터를 보유하는 것이 일차적인 사업목표라면 마케팅은 기업의 궁극적인 목표를 달성하는 창구라고 할 수 있다. 잠재가치가 높은 캐릭터를 마케팅활동을 통해 활용가치를 높이는 것이 수익창출의 원천이 되는 것이다.

바람직한 캐릭터 마케팅이란 캐릭터가 필요한 회사에 자사의 캐릭터를 요약된 방법으로 알리고, 1차적으로 필요하리란 예상업체에 캐릭터의 특징과 예상효과, 라이센싱 비용 등 미래의 라이센시가 필요한 정보를 효율적으로 제공하여 궁극적으로는 계약에 이르는 일련의 영업활동이다.

잘 알려진 유명 캐릭터의 경우에는 그 광고 홍보만으로도 비교적 높은 로열티로 쉽게 영업이 가능하겠지만, 막 출시한 신규캐릭터나 성장경로에 있는 캐릭터는 효율적인 마케팅과정을 통하여 조기에 많은 라이센시를 확보하여야만 개발비용으로 투입된 투자자금을 일부라도 확보하여 2차적인 투자가 가능할 것이다.

캐릭터 마케터가 주지해야 할 몇 가지를 지적하면 다음과 같다.

첫째, 캐릭터 마케팅의 목적은 캐릭터를 알리는 것이 아니고 수익을 창출하는 것이다.

둘째, '제안-미팅-제안' 의 연속이 아니라 'PLAN-DO-SEE' 의 끊임없는 노력이 중요하다.

캐릭터를 다양한 경로로 라이센싱하거나, 다양한 사회적 활동을 통하여 인지도를 확산시키는 목적은 수익을 극대화하기 위한 것임을 잊지 말아야 한다. 어느 정도 라이센싱이 가능한 캐릭터를 탄생시킨다는 것은 수많은 투자와 노력이 따르기 때문이며, 지극히 상식적인 논리지만 비용을 수익으로 창출할 수 있어야 해당기업은 지속적으로 유지·발전할 수 있기 때문이다.

자칫 그 본래의 목적을 혼동하는 실무자들은 막연히 알린다는 것과 알려진 것에 대한 자부심으로 업무의 축을 가져갈지 모른다는 우려와 그저 우리 캐릭터가 좋다는 우격다짐으로 제안하는 과정을 마케팅의 역할로 삼을 수 있다. 인터넷을 비롯한 다양한 정보수단이 발달되면서 캐릭터 마케팅의 활동 중에 알리고, 권유하는 정도의 업무는 지극히 상식적인 업무수준이 되었다고 생각한다.

우리 캐릭터의 장단점을 알고, 라이센싱의 기준을 정확히 확립한 후에 라이센시 입장에서 효용가치가 있을 분야를 탐색하고, 캐릭터 채택의 효과에 대해 연구하여 제안하라. 잠시의 막연한 가치인식은 장기적인 파트너십을 갖지 못하게 할 수 있고, 라이센시로 하여금 캐릭터에 대한 불신을 줄 수도 있다는 것을 염려해야 할 것이다.

Section 32 일관된 캐릭터 홍보

라이센싱하고 있는 많은 회사들이 자신의 캐릭터를 업계에 알리는 마케팅의 일환으로 국내외 캐릭터전시회에 많이 참여하고 있다. 대부분의 회사들은 배포용 카탈로그를 준비하고, 많은 직원들이 투입되어 몇 일간 많은 관람객이 북적거리는 전시장에서 정신 없이 보내기가 일쑤다.

냉정하게 따져 보면 한 두번의 홍보활동은 거의 아무 짝에도 쓸모 없는 일정에 불과한 노력인데 대대적인 기대와 막대한 비용을 투입하여 한 두번 해보고 거의 에너지가 소진되어 다시는 전시장에 출현하지 않는 업체도 많다.

그 회사 사장을 개인적으로 만나보면 '나가 봤는데 별 볼일 없더라' 란 것인데 별 볼일 있는 것처럼 단기적인 기대를 잔뜩 한 것이 잘못된 것이라 생각된다. 사실 그런 회사일수록 대대적인 인력과 비용을 투입하여 막 나누어 주는 식의 홍보활동을 주로 한다.

거대한 부스 규모와 화려함에 주위를 주눅 들도록 이벤트를 진행하고, 나누어주는 이벤트를 위해 길게 늘어진 행렬을 홍보의 성과 잣대로 하듯이 한다. 앞에서도 말했듯이 '그림이 하나의 생명력 있는 캐릭터로 태어나기' 란 대단히 어렵고, 그 주인은 끼와 열정으로 성장가능성 있는 그림을 발굴하고, 인내와 막대한 자금을 효율적으로 투입하여 생명력을 부여함으로써 비로소 '가치 있는 캐릭터'가 탄생되는 것이다.

혹시 성장가능성을 타진해야 할 시기에 많은 비용으로 벌써 홍보에 전력투구하는 것은 아닐까? 성장가능성을 다양하게 체크하는 방법이 궁극적으로는 총투자를 아끼고, 질러가는 것이란 걸 알아야 할 것이다. 나도 회사 내 성장가능성 있는 캐릭터를 설정하는 과정에서 20-30개의 그림을 그려 놓고 이와 같은 우를 범한 적이 있다. 그런 과정에서 '나라도 상품에 투자할 수 있고, 팔릴 수 있는가?' 란 관점에서 점검된 캐릭터를 라이센싱한다는 나름의 논리를 개발하게 된 것이다.

성장잠재력이 적은 캐릭터일수록 그 홍보비용은 아무리 쏟아 부어도 모자랄 것이며, 알리는 성공이 수익으로 전환되는 데는 많은 희생이 필요한 것이다. 아무리 나누어줘도 공짜 싫다는 사람이 없고, 모래 위에 집은 무너지는 것이 가장 평범한 이치인진데 이미 많이 와서 되돌아 갈 수 없는 입장은 또 무얼까?

Chatper 05
캐릭터 사업 경영부문

캐릭터 사업은 그것을 수행하는 사람에 따라 성과가 크게 달라지는 사업 중에 하나이다. 특히 캐릭터 사업 경영자들은 창의적인 사고를 성과로 도출하는 독특한 경영을 생각해야 한다. 21세기 또 하나의 비전인 캐릭터 사업이 '어려운 사업'이 아니라 진정으로 '전망있는 사업'이 되기 위해서는 캐릭터가 가지고 있는 다양성과 연관 콘텐츠사업에 대한 이해와 노력 위에 캐릭터 사업에 적합한 경영을 실행해야 할 것이다.

I wonder how much my height has grown.

Section 33 지속적인 성장분야 : 캐릭터 산업

캐릭터 사업의 비전은 무엇인가?

현재 캐릭터 사업에 종사하는 사람들에게 물어 볼 때 사업기획단계에서 캐릭터 사업에 대한 전망을 예측하여 계획적으로 캐릭터 사업으로 창업하고, 취업한 사람들이 과연 몇 사람이나 될까?

실제로는 그리 많지 않다.

첫 직장이 캐릭터 업체이다 보니 큰 변화의 계기가 없어 아직 캐릭터 사업에 종사하고 있다거나, 우연한 기회에 캐릭터 상품을 취급하다가 품목이 늘어나면서 캐릭터 종사자로 변했다거나, 디자이너로 일하다가 프리랜서의 과정을 거치면서 캐릭터 디자인회사를 경영하게 되었다든가, 애니메이션이나 게임회사가 자연스레 캐릭터 사업으로 확장하게 되는 등 사실은 그 비전이나 전망에 대해 꼼꼼히 따져 계획적으로 캐릭터 사업을 영위하는 사람은 그리 많지 않다. 그러나 어떠한 연유로 현재 캐릭터업에 종사하든 거꾸로 끼어 맞추어도 세상에서는 캐릭터 사업이 비전 있고, 유망한 사업이라고들 해왔다. 그만큼 사람들의 입에 캐릭터란 말이 오르내리고, 과거에 생각지 못했던 금액들이 왔다 갔다 하는 사업 아이템이 되었기 때문이다.

게다가 성공한 해외의 사례들은 끊임없이 '우리라고 왜 못할쏘냐?'를 되뇌이며, 언론은 작은 성과를 대서특필하여 이목을 집중시켜 왔다. 앞으로의 세상은 아무리 생각해도 소득수준이 높아지고, 문화산업이 발달할 수밖에 없다고 생각한다. 캐릭터 산업도 넓게는 문화산업이며, 그래서 거꾸로 가지 않는 산업이라 하는 것이다. 거꾸로 가지 않는다는 것은 시대에 맞고, 성장산업이란 뜻이다.

최근 많은 캐릭터 관련 기업들이 도산하거나 어려움에 처해 있다. 그들을 지켜본 주위 당사자들은 캐릭터 사업이 만만한 사업이 아니란 걸 알기 시작했다. 즉, 너나없이 덤벼들던 맹목적인 성장산업이 아니란 걸 뼈저리게 이 사회는 느끼고 있는 것이다.

캐릭터 사업은 돈도 있고, 끼도 있고, 머리도 있어야 하는 '종합예술적인 사업'이다. 이들 중 하나의 요소가 부족하면 열정이란 요소로 채울 수는 있으나, 그 열정은 또 다른 요소인 인내와 결합되어야 성공의 빛을 볼 수 있는 것이다.

내가 대학을 졸업하고 10년 간 근무한 코오롱그룹에서 90년대 중반에 캐릭터, 완구, 영상사업을 의욕적으로 추진한 적이 있었다. 대기업에서 많은 자본을 투입하여 미래산업에 투자한다고 하니 수많은 기업의 벤치마케팅 대상이었고, 국내 캐릭터머천다이징분야의 일대 이슈를 몰고 다녔다. 당시만 해도 캐릭터 상품은 문구, 팬시회사의 일부분에 불과 했고, 그 적용범위도 한정적 이였으며, 캐릭터 전문회사란 외국계 라이센싱 회사를 지칭하는 듯 했었다. 전문인력도 부족했고, 경영상의 이유도 있었겠지만 결국 4년 만에 완전히 사업을 정리하게 된 요인은 의사결정구조가 복잡한 대기업의 생리가 끼와 열정을 부족하게 했고, 무엇보다 주인이 캐릭터 사업을 모른다는 것이 시작과 동시에 끊임없는 문제를 야기시켜 오너로부터 신뢰를 받지 못하는 사업으로 된 것이다.

지금 돌이켜 봐도 한없이 아쉽고, 이러한 것이 적어도 우리나라 캐릭터 산업을 수년 뒤지게 한 요인이 되었다고 생각한다. 캐릭터 산업은 끊임없이 성장할 산업임에 틀림없고, 우리나라 시장규모도 이미 4조원을 넘어 지속적으로 성장하고 있다. 아무리 거꾸로 가지 않는 사업이라도 캐릭터와 캐릭터 사업을 모르는 사람과 투자, 아이디어, 열정과 끈기가 없는 사람에게는 성공이란 기회는 없을 것이다.

Section 34 캐릭터 분야에서 성공하려는 젊은이들에게

나는 캐릭터 사업에 대한 직접적이고 다양한 경험은 많지만 애니메이션이나 게임과 같은 분야의 전문회사를 경영해 본 적이 없다. 앞에서 캐릭터 산업의 특징중의 하나가 '여타의 콘텐츠 산업의 목표 산업' 이라고 하였듯이 캐릭터 사업이라는 것이 다양한 장르의 콘텐츠와도 무관하지 않다. 따라서 게임이나 애니메이션사업을 경영했던 회사들이 캐릭터 사업을 이해하는 것보다 캐릭터 사업을 경영하던 사람이 다른 콘텐츠사업의 개괄을 보는데 유리하다고 생각한다.

그리고 나는 한때 (사)한국캐릭터문화산업협회장직을 수행하면서 이름을 대면 알만한 우리나라 문화콘텐츠의 유명인사들이나, 존경할만한 경영자들을 자주 만나 다양한 대화를 나눌 기회가 많았다. 각 사업의 전략이나 문제점은 해당 사업의 고유한 문제라면 '전문인력 및 조직관리' 문제에 대해서는 공통된 의견을 들을 기회가 많았다.

내 경험을 비춰 봐도 전문인력의 양성이니, 전문집단의 효율성 추구니 하는 긍정적이고 발전적인 숙제보다도 전문인력이 부족하고, 전문성이 떨어지는 현재의 조직원의 관리문제 등 다소 부정적인 문제가 경영자에게 현실적인 문제라고 생각된다.

우리나라 콘텐츠 산업을 구성하는 회사들의 규모는 몇몇 대기업을 제외하고는 그리 크지 못하고, 소규모의 다수로써 이루어진 업계의 특징이 있는데 콘텐츠 산업의 성장전망이나 비전이 조직원 개개인의 자만심으로 작용하지는 않았나 하는 의구심이 들 때도 있다. 성장전망은 있다는 것은 그 업계가 가지고 있는 분위기라면 그 업계에 종사하는 개개인들이 실력이 탄탄해야 업체는 물론 우리나라 콘텐츠 산업도 성장할 수 있는 것이다.

또한 성장전망이 크다는 것은 그러한 사업영역 안에서 자신의 실력만 있으면 개인적 성공의 확률도 높다는 이야기도 될 것이다.

나는 다른 이야기보다 문화콘텐츠분야에서 성공하기를 기대하는 젊은이들이 캐리어 패스를 짜는데 있어서 몇 가지만 당부하고 싶다.

(상식적이지만) 중간과정을 거쳐서 완성단계에 이르려는 자세를 가져라!

모든 일에는 시작이 있고, 시작은 희망은 있으나 화려하지 못하다. 인생에 있어서도 성공을 목표로 한다면 시작도 있고, 화려하지 못한 중간과정이 있게 마련이다. 특히 소규모의 다수로써 형성된 캐릭터 산업의 경우 각 업체 하나 하나의 근무환경이나 처우는 그리 좋지 만은 않을 것이다.

좋은 환경이나 처우를 스스로 만들어 간다는 자세로 노력한다면 자신도 전문가의 길로 들어서면서 그 조직의 형편도 좋아지고 있을 것이다. 좋은 환경을 좇기 위해 '이리 저리 이직하는 사람', '중간과정을 거쳐가지 않으려는 사람' 이 되지 말자는 뜻으로 하는 말이다.

알고 보면 캐릭터 산업의 성장 비전에 비해 전문가는 상당히 부족한 편이며 캐릭터 사업체들이 다양한 경험이 부족한 것이 현실이다. 개인도 조직도 너무 꼭대기만 생각하지 말고, 풍족하지 못한 부자 역할을 흉내내지 말고 성실하게 중간과정을 거쳐가려는 현실적인 자세가 필요하다는 것이다.

진정한 노력을 해야 한다!

캐릭터개발 부문에서 언급하였지만 캐릭터 사업이란 것이 다소 예술적인 측면이 있어 끼가 있는 사람이 노력할 때 그 결과의 효율성이 한층 높아진다. 어떤 연유로 캐릭터 사업에 종사하게 되었든지 '끼' 는 고사하고, 노력도 제대로 하지 않는다면 후천적으로 습득할 수 있는 경험에 의한 능력도 놓치게 되는 것이다.

끼도, 능력도, 열정도 없이 막연히 캐릭터 사업에 종사하겠다고 한다면 본인의 기회손실뿐만 아니라 소속된 조직도 힘겨운 일이 될 것이 뻔하다.

'끼' 란 자연히 가지고 있는 사람도 있지만, 멀리 있는 이야기도 아니라 다양하고, 부지런한 발상에서 형성되는 기획력일 수 있다. 만약 직업이 캐릭터를 개발하는 디자이너라면 색채학이나 컴퓨터를 능숙하게 다룰 수 있는 기본소양 아래 어떻게 하면 생명력 있는 그림을 창출할 것인가를 끊임없이 연구하고, 그러한 과정에서 필요한 학습을 철저히 하라는 이야기도 되는 것이다.

수단과 목적을 혼돈하지 말자!

요즘 이력서를 검토하다 보면 외국어나 컴퓨터가 능통한 인재들을 많이 접하게 되는데 자기소개의 대부분을 그러한 것을 습득하는 과정이나 자랑으로 적은 것을 적잖게 보게 된다. 물론 공부를 열심히 하였다는 것은 어떤 일을 하기 위한 기본 소양 중에 하나 하나를 이루고자 노력한 것이지 외국어를 능통하게 한다고 해외마케팅이 저절로 되거나, 컴퓨터를 잘한다고 좋은 캐릭터를 개발할 수 있다는 것은 아니다.

하나의 소양을 갖춘 것에 자만치 말고, 그 하나의 소양마저도 올바르게 활용하지 못하는 우를 범하지 않도록 하자. 외국어를 잘 하는 것은 어떤 목표를 달성하기 위한 기본적인 소양이자 수단이지 결코 그 자체가 목적이 아니니 그것을 잘 활용하여 '더욱 큰 나'를 만드는데 적극적으로 활용하기를 바란다.

한가지 다행스런 것은 90년대 말 한국문화콘텐츠진흥원이 설치되면서 전문인력의 양성 등 개인 또는 기업 단위에서 풀기 어려운 과제에 애쓰고 있다는 것이다. 캐릭터 사업에서 비전을 창출하고자 하는 사람들은 이런 창구를 통한 능력향상도 생각해 보자.

Section 35 창의적 사고를 성과로 도출하는
캐릭터 사업 경영

　나는 일상에서 직원들에게 '정보마인드'의 중요성을 강조하곤 한다. 내가 필요한 정보를 얻는다는 것은 평소 어떤 정보마인드를 가지고 생활해 왔는가와 직결된다고 할 수 있다.

　우선 정보는 'Give and Take'의 원칙이 있는데 느닷없이 내게 필요한 정보를 상대에게 묻는다면 상대는 당혹해 할 것이다. 그러나 평소 내가 가진 정보를 상대와 공유해 가면서 내게 필요한 정보를 잘 받아들인다면 훨씬 효과적으로 각종 유용한 소식들이 내 가까이에 있을 것이다.

　그렇다고 상대가 알면 불리한 내용까지를 일방적으로 말하라는 이야기는 아니고 상식을 가진 상대와 상식적인 수준을 전제로 한 말이다. 그리고 동료 간 혹은 상하간의 대화에 있어서 상대의 의견에 대해 핀잔을 주거나 무시한다면 다시는 그 상대는 자기와 대화는커녕 의견을 제시할 수 없을 것이다.
　상대의 의견을 잘 들어 주고 설사 자기와 의견이 맞지 않더라도 조리 있게 자신의 의견을 설명해 주는 정성이 있어야 지속적인 대화가 가능하다.

나는 이러한 것들을 요약하여 '정보마인드를 가져라' 라고 표현하는데 이러한 사고 방식이 창의성을 바탕으로 하는 사업에서는 필수적인 것이다. 보편적으로 예술가들 중에 그들의 사회성을 이해하기 힘든 우발성이 있다고들 하는데 가끔은 디자이너들 중에도 그런 친구들이 있기도 하다.

물론 기본이 안되면 아무것도 안 된다는 조직논리에 있어서는 조직의 화합적인 차원이나, 위화감의 조성적인 차원에서 그런 친구를 조직 내에서 수용할 필요가 없을지 모른다. 그러나 그런 사람이 창의적이고, 남다른 발상을 할 수 있다면 상급자는 앞서 언급한 정보마인드를 가지고 창의적인 사고를 업무성과로 도출하는 기지를 발휘하는 것이 중요하다.

특히, 캐릭터를 개발하거나 상품을 제작하는 업종을 영위하는 경우에는 작은 아이디어도 사장시키지 않는 조직문화가 '차별화 된 상품' 을 만드는 기본적인 토양이라 생각한다.

Section 36

사람이 중요하고, 사람 때문에 망하는
캐릭터 사업

어느 업종이나 마찬가지로 캐릭터 사업에 있어서도 사람이 가장 중요하다. 나는 대학졸업 후 하나의 대기업에서 오랫동안 근무하고 창업을 해서 대기업의 생리는 잘 알고 있고, 작은 기업을 경영하면서 중소기업의 생리도 몸소 체험하였다.

이론적으로는 설명할 수 없어도 대기업은 시스템적으로 잘 짜여져 있어서 시스템이 사람을 움직인다면 중소기업은 시스템보다는 사람에 의해 조직이 움직여 진다는 특성이 있다. 대기업에 비해 작은 기업은 의사결정구조가 단순하여 조직원 입장에서의 자신의 의견이나 업무능력이 경영자에게 빠르게 전달될 수 있다.

이런 측면에서 의사결정구조가 단순한 작은 기업이 캐릭터 사업에 유리한 측면도 있고, 작은 기업의 조직원들은 다양한 업무를 경험할 수 있다는 측면에서 큰 장점이 될 수도 있다. 그러나 많은 캐릭터기업 경영자들이 앞서 말한 '중간단계를 거쳐가지 않으려는 젊은이의 심리'나 '대기업 선호경향' 등으로 좋은 인재를 확보하기 어렵다고 한다.

그리고 '누가 마당을 쓸면 다같이 쓰는 게 대기업의 시스템인데, 누군가 빠진 사람이 있어 형평의 원칙에 어긋나면 쓸던 사람도 빗자루를 버리는 것이 작은 기업의 조직'이라고도 하는데 이는 중소기업은 그만큼 사람에 의해 조직이 좌지우지된다는 말이다. 특히 캐릭터 사업에 있어서 사람이 중요하다는 말은 이직이 잦은 우리나라 중소기업의 경영환경에서 자연히 '사람'이 제일 중요한 요소가 된다는 기본적인 이야기이기도 하지만 해당자의 업무 적합성이나 노력의 정도에 따라 성과차이가 큰 사업 중에 하나가 캐릭터 사업이다는 말이다.

나는 과거 연공서열식 처우보다는 자신의 발휘한 능력에 걸 맞는 처우를 희망하는 의욕적인 젊은이들이 '거꾸로 가지 않는 캐릭터 사업'에 투입이 된다면 우리나라의 콘텐츠 산업의 미래가 더욱 밝아질 것이라고 확신한다. '캐릭터 산업이 여타의 콘텐츠 산업의 핵심이자 목표산업'이라는 점에서 캐릭터 사업체의 경영자는 젊어서부터 캐릭터에 관련된 분위기를 알고 직무지식이 뛰어난 사람이 더욱 적합하다고 생각한다. 여러 콘텐츠 산업의 특징을 이해하고 캐릭터 라이센싱사업을 영위하는 것이 효율적일 것이고, 일반상품의 제작공정과 유통을 알고 캐릭터를 접목한 캐릭터 상품을 제작해야만 남보다 경쟁력이 높을 수 있다는 것이다.

이런 관점에서 캐릭터관련 업계에 종사하는 사람들에게는 최고경영자가 될 수 있는 문호는 더욱 넓고, 다른 어떤 분야 보다도 전문성이나 희망을 크게 가질 수 있다는 말을 하고 싶다. 그리고 현재의 캐릭터업체의 경영자에게는 유능한 인재에 대한 판단도 중요하지만 부실한 인재를 파악하는 것도 대단히 중요하다는 것을 덧붙이고 싶다. '끼'와 '창의력'이란 것을 올바르게 판단하지 못하면 즉시 '부실'로 이어질 수 있다는 점도 그러하겠지만, 조직을 경영해 본 사람들은 이 말을 더욱 실감할 것이다.

Chapter 06
저자의 칼럼 기사

그림과 캐릭터가 다른 점은 캐릭터가 생명력을 가지고 있다는 것이며, 그 생명력이란 여러 관점에서 소비자가 흡족해 할 수 있는 포인트를 찾아 깊이 있는 디자인과 스토리를 전개할 수 있을 때 지속성이 보장되며, 반면에 급작스런 노출에 의존하여 인기를 얻기에 급급한 캐릭터는 오래가지 않아 사람의 마음에서 잊혀 지는 것이다. 그리고 캐릭터를 개발하여 보유한 기업들이 마치 생명체를 다루듯 애지중지 할 때 그 캐릭터가 추구하는 일관된 생명력을 유지할 수 있는 것이다.

© CI·Merchandising

Section 37 저작권 관련제도의 개선방향

　서울지법 남부지원 민사3부는 중국산 가짜 마시마로 봉제인형 수입판매상인 송아무개씨 등이 마시마로 캐릭터 저작권자인 김재인씨와 마시마로 봉제인형 상품화권자인 ㈜세영코리아를 상대로 낸 저작권부존재확인 청구소송에서 원고패소 판결을 내린 적이 있다.
　이른바 '엽기토끼'로 유명한 '마시마로 캐릭터'의 저작권을 법원이 인정한 것인데 그 결과에 대해 환영하기보다는 너무나 당연할 결과이면서, 이런 소송을 제기하는 도덕성에 탄복(?)하고 부끄럽다는 생각이 든다. 그렇지만 이번 판결을 계기로 저작권에 대한 긍정적인 인식전환이 이루어지리라는 점에서 희망을 갖게 된다.

　이번 판결은 문화콘텐츠업계 종사자에게는 불법복제 등 시장질서를 교란하는 부정적 저작권 문화에서 탈피해 올바른 저작권문화의 정립으로 작게는 기업발전, 크게는 산업발전이라는 궁극적인 목적에 다가설 수 있는 디딤돌이 될 것이다. 또한 산업계 전문작가들에겐 자신의 고유권리를 정당하게 보호받을 수 있다는 인식을 확산시키는 계기가 될 것이다.
　이번 판례는 이제 국내에서도 일반국민들의 저작권에 대한 올바른 인식이 정착되고 있으며 애니메이션, 캐릭터 산업 등 문화콘텐츠 산업계에도 그동안 산업발전의 고질적 병폐였던 저작권 경시풍조가 개선되고 있다는 신호이며, 동시에 우리사회가 성숙한 저작권문화가 정립된 환경으로 점차 접근해 가고 있음을 의미한다. 그렇지만 이번 판례 하나로 산업발전을 가로막는 거대한 장벽인 불법복제 및 저작권 침해사례가 일시에 해소되리라는 생각은 금물이라고 본다.

어찌 보면 이번 판결은 시대의 흐름을 반영한 하나의 시의성 판례에 불과한 것으로, 더욱 중요한 것은 산업계 전반에 만연해 있는 도덕적 해이의 해소, 나아가 하나의 물적 재산 이외에 저작권의 지적재산권에 대한 동등한 인식전환과 이에 따른 사고변혁을 이루기 위해선 사례별 대처방안에 대한 지속적인 교육과 산업계 및 일반인을 상대로 한 대국민 홍보도 부단히 이어져야 한다는 점이다.

그런 점에서 이번 판결을 계기로 현행 저작권제도가 내포하고 있는 문제점을 짚어 보고 개선방안을 살펴보는 것도 의미 있는 일이라 여겨진다.

21세기 부가가치 산업인 문화콘텐츠 산업은 대표적인 창의적 산업이며, 그 발전의 근간은 저작권 보호에 있다고 할 수 있다.

애니메이션, 출판만화, 캐릭터 등 각 콘텐츠 산업은 창작을 통해 고유가치를 생성함에 따라 저작권이 형성된다. 따라서 저작권이 무시되거나 간과되어서는 도저히 건실한 산업발전을 기대하기 어려운 것이다.

여기서 중요한 점은 애니메이션, 만화, 캐릭터 등 각각의 콘텐츠 산업군이 타산업과는 달리 긴밀히 연결되어 있다는 점이다.

이른바 '원 소스 멀티유즈(One Source Multi-use)' 비즈니스 마케팅의 근거이며, 어느 콘텐츠 하나도 저작권의 비중을 소홀히 할 수 없다는 것을 의미한다. 달리 말해 치열한 문화전쟁 하에서 '세계 속의 대한민국 문화콘텐츠'를 이루기 위해서는 확고한 저작권 보호 환경이 우선적으로 조성되어야 한다는 것이다.

이 같은 관점에 입각해 국내 저작권제도의 개선 필요성과 그 방향에 대해 짚어 보면 다음과 같다.

첫째, 가장 일반화되고 있고 산업발전의 치명적 저해 요인인 불법복제로 인한 문제를 꼽을 수 있겠다.

캐릭터 상품을 예로 들면, 전체 유통상품의 30% 이상이 불법복제품으로 심각한 시장 불안정을 초래하고 있는 실정이다.

이는 원작의 고유 프로퍼티(propetty)에 대한 치명적인 이미지 훼손을 통해 캐릭터의 생명력에 악영향을 줌으로써 산술적으로 산출할 수 없는 막대한 손해를 끼친다. 최근에는 '한류'라는 용어가 관계국 현지 사전에도 등장할 만큼 국내 문화콘텐츠 상품이 중국을 비롯한 동남아 시장에서 하나의 시류로 인식되고 있다. 국내 캐릭터 상품 제조업체들은 불황의 늪을 허덕이며 원가절감이라는 절체절명의 과제를 해결하기 위해 중국 현지생산을 추진하는 것이 상례화 되다시피 했다.

문제는 국내업체의 주문수량 외에 추가 생산을 통해 불법상품이 무차별적으로 국내에 반입될 가능성이 크다는 것이다. 더욱이 년 8% 이상의 고성장을 거듭하고 있는 중국은 관계 당국의 경제성장

위주의 정책으로 상대적으로 문화콘텐츠 관련 저작권제도에 대해선 무관심이 팽배해 있다. 중국시장의 무한한 구매력 등 중국 및 동남아 시장을 외면할 수 없는 상황에서 국내 문화 콘텐츠 산업의 활로 개척을 위해 관계국가들과 저작권제도의 중요성을 공유하기 위한 노력과 함께 불법복제를 제한할 수 있는 외교적 협력시스템 개발이 중요한 의미를 지닐 것이다.

둘째, 현행 저작권등록 기준의 개선을 들 수 있다.

현재 국내 저작권법은 '1저작물 1등록주의'에 기초해 있다. 예를 들어 26부작 애니메이션을 제작, 단계별 프로모션을 통해 최종적으로 캐릭터 상품 머천다이징까지 원소스 멀티유즈의 비즈니스 다각화를 추진할 경우, 스토리보드에 등장하는 주인공을 비롯해 성격이 주어진 서브 캐릭터까지 모두 각각 저작물로 등록해야 하는 어려움이 있다.

그리고 더욱더 확실한 보호를 받기위해 산업재산권관련 법률에 따라 상표등록이나 의장등록을 한 경우에 현행대로라면 1년 이상의 기간과 '1저작물 1등록주의'에 따른 막대한 비용이 소요되는 등 성공적 비즈니스 수행에 상당한 걸림돌이 되고 있는 실정이다. 따라서 현행 저작권법상 미술저작물에 해당하는 캐릭터를 캐릭터저작물로 분리해 각각의 등장 캐릭터를 1저작물로 하여 일괄 등록이 가능하도록 관련제도를 개선할 필요가 있다.

또한 저작심의조정위원회와 상표등록 관할청인 특허청간의 유기적인 네트웍구축으로 등록편의를 높이고 비용절감이 가능하도록 효율적인 시스템개발이 시급하다고 본다.

셋째, 일반적으로 자본이 취약한 국내 문화콘텐츠업계를 지원할 전문화된 조직구성이 요구된다.

현재 위에서 언급한 상표권은 세계 각 국마다 고유제도에 따라 자국에서 등록한 경우에 국한해 보호되고 있다. 아직 전 세계에서 공통으로 보호받는 특허제도는 없다. 즉, 국내에서 등록된 상표권은 속지주의 원칙에 따라 해외에서는 보호를 받지 못한다.

국내 경쟁의 틀에서 탈피, 해외로의 꾸준한 진출을 시도해야 하는 시대적 당위성과 '규모의 경제' 실현이라는 과제가 남아 있는 국내 문화콘텐츠 업계로서는 우수 프로퍼티의 다국적 보호가 중요한 의미를 갖는다.

따라서 각각의 콘텐츠별, 저작물 침해사례별 대응지침 및 해외출원실무 상담 등 국내 업체의 피해규모를 최소화하기 위한 노력과 우수콘텐츠의 해외진출을 지원하는 행정적 창구역할을 할 수 있는 전담기구를 주무부처에 신설해 관련업계를 지원하는 시스템개발도 절실하다고 본다.

끝으로 저작권 침해에 대한 기본적인 처벌조항 강화도 검토될 필요가 있다.

현행법상 지적재산권 침해시 처벌조항은 3년 이하의 징역 또는 3,000만원 이하의 벌금으로 규정되어 있는데 저작권의 중요성 및 국내 경제에 미치는 영향을 감안, 시대의 흐름에 맞게 적절한 수준으로 처벌을 강화하는 방안도 검토해 볼 필요가 있다는 생각이다.

나는 캐릭터협회장이전에 하나의 문화콘텐츠 산업체 경영자로써 그동안의 실질적인 경험과 느낌을 있는 그대로 정리해 보았다. 물론 이밖에 여러 가지 문제점과 개선책은 지속적으로 논의되어야 할 것이며 산업발전 이라는 궁극적인 목표가 실현될 수 있도록 산업종사자, 정책입안자 등 관계자들의 꾸준한 협의와 협조가 이루어져야 한다는 생각이다.

모쪼록 이러한 노력과 연구가 이어져 국내 문화콘텐츠 산업이 공허한 메아리가 아닌 21세기 고부가가치를 실현하는 진정한 '황금알'이 될 수 있기를 소망한다.

(에니메이툰 2003년 NO.43 게재)

Section 38 캐릭터도 담보인정, 자금부담 덜어줘야

　화려한 행사나 쇼만 한다고 캐릭터 산업이 발전하는 것이 아니라 제조나 유통과 같이 업체들에 실질적인 도움이 될 수 있는 체계적인 지원전략을 마련해야 한다.
　문화콘텐츠 산업이 갖는 중요성이 폭넓게 인정받을 수 있었던 것은 당국의 노력이 큰 몫을 한 것도 사실이지만 앞으로는 지금처럼 분위기 조성에만 치중하다 보면 역효과가 날 수 있다는 걸 명심해야 할 것이다.

　지금까지 정책당국이 캐릭터 산업이 '황금알을 낳는 거위'라는 인식을 심어 주는 데만 주력한 나머지 준비가 부족했던 업체들이 무턱대고 진입했다가 실패하는 사례가 자주 발생한 것이다.
　그로 인해 유통질서가 어지러워지고 캐릭터 산업에 대한 일반 인식들만 나빠졌다. 따라서 앞으로의 정부정책의 방향은 분위기 조성 차원이 아니라 산업기반과 경영환경을 개선하는데 집중되어야 한다.
　구체적으로는 일본처럼 캐릭터를 담보로 인정해 보증을 해 줌으로써 업체들이 연구개발에 쓸 수 있는 자금을 마련할 수 있게 해준다든지, 파주에 조성된 출판단지처럼 캐릭터업체들을 한곳에 모아

물류나 원자재구매를 공동으로 하도록 해서 원가절감을 가져오도록 유도하는 방안 등이 필요하다.

그리고 가장 시급히 해결해야 할 과제 중에 하나가 캐릭터 상품의 유통문제인데 크게 두 가지로 지적할 수 있다.

우선 경쟁력이 없는 업체가 캐릭터 상품을 만들어 결국 악화가 양화를 구축하는 사례가 많다고 할 수 있다. 낮은 품질로 정상적인 판매가 어려운 이런 상품은 무분별한 덤핑수출로 이어져 캐릭터 상품의 부가가치를 스스로 낮추는 결과를 초래한다.

그 다음으로 유통업자의 전문성이 부족하다는 것이다. 캐릭터 산업에 대해 이해력이 부족한 유통업자들이 다루기 편하고 이윤이 많이 나는 것만 취급하려 하다보니 소비자에게 필요한 상품을 적시에 공급치 못하게 되어 결국은 캐릭터 상품의 이미지저하로 이어지는 것이다.

이러한 문제를 해결하는 방안으로는 캐릭터 상품이 소비자에게 직접 평가받을 수 있도록 캐릭터 상품만을 전문적으로 취급하는 카테고리킬러식의 대형 유통센터의 건립도 대안의 하나가 될 수 있다고 생각한다.

그리고 캐릭터업계에서는 정부의 보조정책이나 관련단체를 통한 이해관계의 정립보다도 넓게는 문화콘텐츠업계 전체와의 교류를 통하여 사업환경에 대한 전반을 이해하고, 좁게는 관련업계와의 교류를 통해 자생력 있는 활로를 찾는 것이 중요하다 하겠다.

(매일경제신문, 2003년 3월 21자 게재)

Section 39 또 하나의 비전 '캐릭터 산업'

21세기는 문화의 세기라는 말을 실감하듯 영화와 게임펀드가 수천억원이 조성되고 엔터테인먼트 사업체 17개사가 코스닥에 상장되어 활황을 맞고 있다. 경제성장에 따른 국민의 문화적 욕구의 증가는 세계적 추세이고 보니 어쩌면 이러한 현상들을 충분히 예측할 수 있었다.

그러나 문화콘텐츠 산업의 공통된 특징은 철저하게 전문성이 바탕이 되어야 하며, 어떤 산업보다도 인간의 심리를 근간으로 해야 하는 사업인 것이다. 따라서 문화콘텐츠 산업의 성공요건은 자연히 시대적인 인간심리에 충실한 소재여야 하며, 다분히 비생산적인(?) 투자가 선행되는 전문산업인 만큼 자본과 전문성의 결합이 필요한 산업인 것이다.

흔히 꼽을 수 있는 문화 콘텐츠는 만화,게임,음악,영화,애니메이션,캐릭터 등이다. 다른 콘텐츠는 알겠는데 캐릭터는 어디서 어디까지가 캐릭터이며, 만화나 게임과 같은 콘텐츠의 요소에 불과하니 굳이 별도의 산업으로 분류할 필요가 있는가?

그렇다 만화나 게임, 애니메이션의 등장인물의 요소들을 우리는 캐릭터라 칭한다. 그렇지만 만화나 애니메이션이 나중에 만들어질 지언정 호소력 있고, 친근감 있는 커뮤니티 수단으로서 탄생되는 각종 캐릭터는 어떻게 분류할 것인가?

　비록 만화나 게임과 같은 콘텐츠에 결합되지 않아도 그 나름의 역할과 가치도 있다. 이렇듯 영화를 이해하기는 쉬우나 캐릭터에 대한 개념정립은 다소 복잡한 듯 하다. 따라서 광의의 캐릭터 산업이란 캐릭터를 주요소로 활용하는 콘텐츠 산업을 포괄하는 영역으로 분류할 수 있지만 현실적인 분류는 캐릭터가 여타의 콘텐츠 안에서 존재할 때를 제외한 협의의 개념으로 이해하여야 한다.
　즉, 게임에 포함된 캐릭터 그 자체는 게임산업에 포함되는 것이며, 게임을 구성하던 캐릭터가 라이센싱의 절차를 밟아 상품화되거나 테마파크와 같은 별도의 사업화 되는 것은 분명 캐릭터 사업의 영역인 것이다.

　다시 말하면 캐릭터 산업이란 캐릭터를 개발, 라이센싱, 머천다이징(상품제조, 유통)하는 산업 분야를 중심으로 이야기하는 것이다.

　캐릭터 산업의 성장은 개발된 캐릭터가 관련 콘텐츠 산업으로 접근하고, 관련 콘텐츠 산업에서의 각각의 캐릭터는 독자적인 수익활동을 추구하려는 속성이 있다. 예를 들어 애니메이션산업은 잘 구성된 애니메이션의 본래의 상업적 가치에 더해 그 애니메이션의 주인공 캐릭터의 상품이 잘 팔리기를 제2의 목표로 하고, 커뮤니티 수단으로 제작된 캐릭터는 게임이나 애니메이션 등에 활용되어 인지도가 확산되기를 기대하는 관계를 형성하는 것이다.

잘 몰라도 만화는 각종 협회의 발전 정도나 산업계의 체계성을 봐서도 문화적 수준의 향상과 함께 꾸준히 성장할 것이며, 게임은 세계적 강국, 영화는 오랫동안의 지속적인 투자와 노력의 결과가 결실을 맺고 있고, 애니메이션은 오랫동안 OEM 제작의 노하우를 바탕으로 우리의 것으로 기틀을 잡아가고 있다.

우리가 쉽게 이해할 수 있는 순서대로 산업이 활성화되는 것은 아닐텐데 많은 콘텐츠에 기초적으로 활용되고 있는 캐릭터 산업은 사실 캐릭터시장규모는 빠른 속도로 성장하면서도 이론적 정립이나 데이터가 부족하고, 규모있게 성공한 기업도 없는 실정이다.

캐릭터 상품 매출의 대부분은 캐릭터의 생명력을 기초로 한 문화상품으로서가 아니라 인기 캐릭터를 구사한 공산품의 시각으로 제조되고, 전문성이 부족한 유통과정을 거치면서 우리나라에서의 인기캐릭터의 생명은 몇 년을 넘기지 못하는 현실이다.

캐릭터의 생명력과 제품의 특성을 조화하여 부가가치를 극대화하기보다는 당장의 현실에 급급한 기업의 현실에 과도한 인기 캐릭터의 라이센싱구조도 한몫하여 디즈니와 신리오와 같은 성공기업의 사례는 없게 된 것이다.

다소 늦긴 하지만 최근 문화관광부와 콘텐츠진흥원을 중심으로 기초조사에 착수하고, 업계의 경영환경을 개선하기 위한 (사)캐릭터문화산업협회가 발족되면서 또 하나의 문화콘텐츠인 캐릭터를 국가경쟁력의 한차원 승화하려는 노력이 시도되고 있다.

이제 문화의 세기를 맞이하여 더 이상 캐릭터의 부가가치나 기업 간의 자율경쟁만 처다본다면 국가적인 기회손실을 초래할 것이라는 의견이 많아지고 있다.

캐릭터분야의 사업영역은 전문성이 요구되면서도 유관분야로의 파급효과가 크고, 생활수준의 향상과 함께 성장하는 사업분야이며, 누구도 부정하지 못할 만큼의 시장형성이 되어 있는게 사실이다.

최근 국산영화의 붐조성이 우연이 아니고 업계의 부단한 노력에 의한 質향상에 기인한다면, 엽기토끼도 우연한 히트가 아니라 이젠 우리 것을 수용하려는 소비자의 의식이 커지고 있다는 증거일 것이다.

이런 시기에 캐릭터문화산업협회를 중심으로 각사의 분야별 전문성을 활용하고, 때로는 시너지를 모으는 노력이 시도된다면 한국의 디즈니나 산리오와 같은 성공기업의 탄생도 그리 멀다고 보지 않는다. 바야흐로 이젠 캐릭터를 포함한 문화콘텐츠의 균형 있는 발전이 요구된다.

투자기관들은 이미 기반이 형성된 문화콘텐츠로만의 투자를 생각하지 말고, 다소 개념습득에 고심이 되더라도 캐릭터 콘텐츠 시대를 대비해야 하지 않을까?

(디지털타임즈 2001년 12월 12일자 게재)

Section 40 캐릭터 산업이 국가의 비전산업으로 성장하기 위해서는

2003년 새해를 맞아 각 언론들이 각가지 분석을 실으면서 2003년 최고의 화두가 "문화콘텐츠"라는 기사를 본적이 있다. 누가 봐도 국가산업이 제조나 반도체, 자동차에 머물러 있을 것이 아니라 이젠 문화산업쪽으로 한 걸음 더 선진화되어 영화, 만화, 게임, 캐릭터 산업과 같은 문화콘텐츠 산업이 활황을 맞아야 한다.

물론 문화관광부를 비롯한 관련부처에서 작년 한 해 동안 콘텐츠 산업을 성장시키고자 노력한 결과이기도 하지만 국민소득이 올라갈수록 당연한 이치가 아닌가!

캐릭터 산업이란 각종 콘텐츠 산업의 목표산업이니 향후 캐릭터 산업이 어떻게 자리잡아 갈 것인가 하는 것이 곧 우리의 콘텐츠 산업의 발전지표가 되기도 하는 것이다.

내수시장 4조원 규모를 형성하면서도 아직 캐릭터 산업의 체계성이 부족한 것은 아직 도입 단계라고 얼버무리기엔 너무나 관련산업의 동반상승을 방해하고 있다.

예를 들어 캐릭터 상품의 유통시장이 안정화되어야 게임산업에서의 게임의 주인공이 캐릭터 산업으로 연결되어 One source multi use의 개념이 성립되는 것이다.

　그렇다면 캐릭터 산업의 체계적이지 못한 근본적인 원인은 어디에 있는가? 무엇보다도 메니아 위주의 업체들이 관련 콘텐츠업체들과의 연계가 부족했고, 자생적으로 성장할 여력을 갖추지 못하고 도산하면서 각종 폐해를 낳고, 유통과 같은 인프라부문의 전문성이전무한 현상이 문제가 아닌가 싶다.

　기업이 성장하기 위해서는 해당기업의 경영자가 일반관리분야나 캐릭터전문분야에 박식해야 하겠지만, 기업이 필요한 자금을 수급치 못하면 하나의 장사수준에 머물 수밖에 없을 것이다. 그러나 캐릭터를 개발하고, 성장시키고, 머천다이징하는데는 그야말로 자본과 실력이 매치 되어야 하는데 작금의 현실은 그렇치 못하다.

　한국문화콘텐츠진흥원을 통한 국가의 캐릭터 산업의 성장시책 또한 캐릭터개발보조나 전시회개최 등과 같은 분위기를 띄우는 수준이고, 오히려 무분별한 캐릭터개발에 의한 캐릭터 산업을 도박성산업으로 몰고 가고 있으며, 제조나 유통과 같은 실제 필요한 분야의 시책은 회피하고 있는 실정이다.
　이와 같은 현상은 알기 쉬운 부문에만 정책을 펴는 무사안일의 공무원식 발상이 아니길 바랄 뿐이다.

　캐릭터 산업이 국가의 비전산업으로 성장하기 위해서는 소규모의 다수를 이루고 있는 해당기업은 자신의 경쟁력 있는 부문을 특화하여 자생력 확충에 최선의 노력을 경주하면서 독불장군식 경영을 지양하는 노력이 필요하다 하겠다.

특히, 국가의 보조정책이나 관련 협회와 같은 단체의 활동이 차츰 사업환경을 좋게 하는 역할은 하겠지만 획기적인 생존의 틀을 제공할 수는 없는 것이다.

기업 내부적으로는 경쟁력을 확충하면서 상호교류를 통한 불필요한 경쟁심이나, 중복투자를 줄이고, 내가 스스로 경험한 논리만 인정하는 이기심도 버려야 한다.

캐릭터 산업이 다른 많은 콘텐츠 산업의 목표산업의 중심에 서 있듯이 몇 개의 앞선 캐릭터기업들은 여러 콘텐츠의 특성을 두루 파악할 수 있는 안목을 길러 중심자의 역할을 할 수 있도록 해야 하겠다.

모쪼록 2003년에는 여러 콘텐츠를 효율적으로 결합한 스타기업이 탄생하여 정부의 실질적인 육성책이 나오도록 하고, 자본시장의 반신반의의 태도를 불식할 수 있는 계기가 되길 기대해 본다.

(매일경제TV 2002.3.21자 방송내용 요약)

Section 41 캐릭터 사업이 어렵다고 하는 이유

　게임, 애니메이션, 만화 등과 같은 산업을 콘텐츠 산업이라고 하며, 이러한 각종 콘텐츠의 등장인물 요소를 캐릭터라고 하거나 그러한 콘텐츠에는 등장하지 않더라도 커뮤니케이션 수단으로 창작된 그러한 것들을 캐릭터라고도 한다. 따라서 캐릭터 산업이란 이러한 캐릭터를 활용한 사업을 말하는 것이다.

　각종 콘텐츠 산업은 1차적으로는 그 자체적으로 수익을 창출할 수 있어야 하지만 2차적으로는 캐릭터로써 적합한 분야에 적용되어 수익을 창출하는 이른바 one source multi use의 개념이 성립되어야 한다.
　다시 말하면 캐릭터 산업은 각종 콘텐츠 산업의 2차적이고, 궁극적인 목표 산업이 되는 것이다.

　캐릭터를 활용하는 사업은 캐릭터를 비용을 받고 개발하거나, 개발된 캐릭터를 로열티를 받고 사용권을 판매하는 라이센싱을 하거나, 각종 제품에 적용하여 판매하는 머천다이징 분야 등을 말한다.
　이중 캐릭터 상품을 제조, 유통하는 머천다이징 분야가 총 시장규모의 대부분을 차지할 정도로 비중이 높고 중요하다.

자칫 캐릭터라면 하나의 개념으로 묶어 보려고 하지만 그 캐릭터의 성격이나 생명력, 고객 타겟 등의 차이에 따라 상품의 적용범위가 달라지며, 사업의 포인트도 달라지는 것이다.

이중에서 특히 캐릭터의 지속성은 캐릭터의 가치를 판단하는데 있어 중요한 잣대가 될 수 있고, 짧은 생명력의 캐릭터-타임성 캐릭터 혹은 도박식 캐릭터라고도 한다-를 활용한 상품은 장기적으로 수익을 창출할 수 없을 뿐만 아니라 해당 기업에게는 캐릭터에 대한 불신이나 잘못된 인식을 심어줄 수도 있다.

그림과 캐릭터가 다른 점은 캐릭터가 생명력을 가지고 있다는 것이며, 그 생명력이란 여러 관점에서 소비자가 흡족해 할 수 있는 포인트를 찾아 깊이 있는 디자인과 스토리를 전개할 수 있을 때 지속성이 보장되며, 반면에 급작스런 노출에 의존하여 인기를 얻기에 급급한 캐릭터는 오래가지 않아 사람의 마음에서 잊혀 지는 것이다.

그리고 캐릭터를 개발하여 보유한 기업들이 마치 생명체를 다루듯 애지중지 할 때 그 캐릭터가 추구하는 일관된 생명력을 유지할 수 있는 것이다.

국내 캐릭터 산업의 시장규모는 이미 몇 년 전에 조단위를 훌쩍 넘어, 21세기 국가 전략육성산업(culture techology 분야)으로 자리매김을 하고 있다.

그러나 이제껏 긴 생명력을 가지고 다양한 분야에서 수익을 창출하는 국산 캐릭터는 별로 없었던 탓에 거의 대부분의 시장을 해외 캐릭터에 내주고 있는 실정이었다. 특히, 해외 캐릭터의 국내 딜러들의 극단적인 수익위주의 영업에 많은 국내기업들이 피해를 보면서도 말이다.

그나마 최근에는 국내 캐릭터의 비중이 다소 증가해 20-30%를 점하는 다행스런 면은 있으나, 캐릭터의 지속성 측면에서는 적지 않게 우려된다.

아직 국내 캐릭터 기업 중 성공한 기업은 드물다. 소규모의 다수의 기업이 혼재하며, 공통적으로 유통이 부실하다는 구조적인 문제도 문제이거니와 각 기업들이 캐릭터 사업에 대한 기본적인 논리를 간과해서 인 것 같다.

똑같이 캐릭터라는 말을 쓰지만 인물 캐릭터와 콘텐츠캐릭터의 사업적 특징이 다르고, 예측할 수 있는 장, 단기적 생명력에 따라 사업의 방향이 달라 져야 한다. 캐릭터의 소싱에 있어서는 라이센서의 도덕성을 첫째로 고려해야 하며, 라이센시가 부담해야 할 로열티의 수준은 그 사회의 문화적 수준이나, 해당상품의 경쟁상태에 따라 달라져야 하며, 라이센서는 캐릭터의 생명력을 길게 하기 위한 노력을 아끼지 말아야 한다. 그리고 하나의 캐릭터와 연관될 수 있는 갖가지 역할을 혼자서 하겠다는 욕심을 버려야 한다.

사실 어느 기업의 역량도 하나의 캐릭터를 전세계적으로, 많은 분야로 사업을 펼칠 수 없는 것이며, 적절한 out sourcing이 필요한 것이다.

특히 게임, 애니메이션과 같은 관련 콘텐츠 기업은 모든 캐릭터를 하나의 개념으로 묶어 보려는 안목을 개선하고, 주변의 전문기업과 적극적인 협조체제를 모색해야 할 것이다.

이러한 기본적인 사항에 충실하면서, 각 기업이 타사에 비해 비교우위 경쟁력을 가진 분야에 적정한 캐릭터를 잘 활용한다면 절대 캐릭터 사업은 어려운 사업이 아니라는 것을 강조하고 싶다. 혹 단번에 이해하기에는 다소 혼란스러울 수는 있을 지라도 말이다.

(서울경제신문 2003년 2월 4일자 게재)

Chapter 07
캐릭터 "두기"의 성공사례 분석

2000년도에 개발된 '두기'는 저자의 노력과 경영철학이 담겨져 있는 대표적 사례이다. 어느 정도 상업적 성과를 거두고 있는 '두기'의 탄생과 성장과정을 분석해 봄으로써 본문을 더한층 이해할 수 있을 것이다. 진정으로 가치있는 캐릭터는 저작자의 창의성 위에 부지런함과 노력이 더하여 탄생할 수 있으며, 제대로 된 캐릭터에게는 '완성'이란 말은 곧 '생명력의 지속성을 위한 과정'에 불과하다는 것을 알 수 있다. 저자가 앞서 언급한 '캐릭터의 다양성' 측면을 미루어 볼 때 '두기'는 그 자체로서도 이미 수많은 사업거리를 가지고 있는 콘텐츠가 된 것이다.

© CI-Merchandising

캐릭터 '두기'는 1999년~2000년 경에 저자가 개발하여 발전시킨 순수 국내 캐릭터이다.

생명력을 가진 캐릭터란 어떤 시점에서 '완성'이란 있을 수 없는 것이며, 지속적으로 발전할 수 있는가가 매우 중요하다고 할 수 있다.

요즘과 같이 다양한 매체를 통하여 수많은 캐릭터들이 탄생과 쇠퇴를 반복할 때 사람들의 기억속에 있고, 몇가지 상품만이라도 지속적으로 출시된다 하더라도 그 캐릭터는 그래도 성장 가능성이 있다고도 볼 수 있을 것이다.

'두기'는 현재 약30개 업체에서 사용하고 있으며, 해마다 출시되는 상품의 종류가 증대되고 있고 점차 다양한 분야로의 접목이 시도 되고 있다.

아직은 해외 유명 캐릭터에 비해 그 인지도나 로얄티수익은 떨어 지지만 이러한 발전이 지속 된다면 그런 캐릭터들과 국제무대에서 나란히 어깨를 견줄 수 있다는 점에서 어느정도는 성공한 캐릭터라고 할 수 있을 것이다.

이 책에서 '두기의 성공사례'로 소개하는 이유는 롱런 캐릭터로서의 탄생과 발전과정에서 얼만큼의 창의력과 경험을 바탕으로 한 노력이 있었는가? 어떤 과정으로 캐릭터의 생명력을 부과할 수 있었는가? 등의 관점에서 살펴보는 것이 다양한 시사점을 독자들에게 전할 수 있는 좋은 방법이라는 판단에서이다.

프린(양)　　두기(강아지)　　피둥이(돼지)　　칙(닭)

>> "두기"의 개발 배경

창업과 사업방향

　저자는 코오롱그룹의 완구, 캐릭터사업 실무를 총괄하면서 다양한 상품제작경험을 하였으며, 이런 사업분야에 대한 흥미가 많았다. 하지만 1997년에 코오롱그룹에서 이 사업분야에 대한 사업을 포기하자 이듬해에 캐릭터회사를 창업하였다.

　당시로서는 국내에서 캐릭터라는 말이 생소할 정도로 디즈니 중심의 해외 캐릭터가 캐릭터 상품시장의 주축을 이루었고, 창업초기에는 이러한 해외 캐릭터의 상품화권을 계약하여 다양한 캐릭터상품을 제조, 유통하였다.

　수십 억원 규모의 상품제조, 유통사업의 기반은 후에 자체 캐릭터를 알리는데 유리하게 활용되었으며, 캐릭터 라이센싱사업에 대한 경험적인 기반이 되었다. 그러나 해외 유명캐릭터의 라이센싱정책이 극단적인 수익위주여서 라이센시로서는 사업의 지속성을 보장받기 어려움을 실감하게 되었다.

　그리고 경쟁사에 중복하여 계약하는 중복계약문제나 제조한 상품을 수출을 할 수 없다[2]는 점 등은 자체 콘텐츠에 대한 아쉬움을 절감

---

2) 유명한 해외 캐릭터의 경우 각 나라에 라이센싱됨으로써 라이센시간 이해관계가 성립되어 주로 국내에 한정하여 상품을 제조,유통할 수 밖에 없다는 의미이다.

케 하였다.

저자는 이러한 아쉬움에서 출발하여 초기에는 캐릭터공모전을 개최하여 다양한 시각을 넓혀 가면서, 디자인 인력을 강화하고 캐릭터개발(디자인)회사를 인수하는 등의 캐릭터개발 투자를 단행하게 되었다.

1999년부터 캐릭터개발부서를 신설하고 외부개발수주사업을 병행하여 자체 캐릭터개발에 노력하였으며, 이 때는 외부에 수주를 받아 다양한 캐릭터개발도 수행하였다.

개발자들이 외부의 의뢰를 받아 제작,납품하는 과정에서 고객의 니즈를 파악하는 등의 교육효과는 결국 자체 캐릭터개발에 좋은 영향을 미친다고 판단했기 때문이다.

이처럼 저자의 창업초기 사업방향은 캐릭터상품의 제작,유통력에 현실성 있는 자체 캐릭터를 활용하여 장기적으로는 자체적인 캐릭터를 세계적인 캐릭터로 육성하는 사업구도를 구사한 것이다.

자체 캐릭터의 확립을 위한 노력

앞서 언급한 바와 같이 해외 캐릭터를 활용한 상품은 수출하기에도 어려울 뿐만 아니라 높은 로얄티와 사용의 지속성 측면에서도 보장되지 못하여 상품제조사로서는 상당한 애로를 느껴 왔다.

이런 점에서도 자체적인 콘텐츠가 절실했으며, 1999년도에 1명의 개발자를 시작으로 2000년에는 외부캐릭터개발회사를 인수하여 본격적인 자체 캐릭터 확립을 위해 노력하였다.

그러나 저자는 아무리 자체 캐릭터가 필요하다고 하더라도 경쟁력 있는 캐릭터가 아니고는 차라리 아무 디자인이 없는 상품이 낫다는 판단은 지금도 변함이 없다고 말한다.

우리가 우리 것을 만들어서 대외 경쟁력을 갖도록 한다는 것은 외

◆ '두기' 개발 과정에서 개발한 외부수주 캐릭터들

부의 시각으로 점검해야 하는 것이 필수이며, 몇 가지 캐릭터를 개발한 것 중에 공교롭게 우수한 캐릭터를 보유할 수 있다는 건 아주 작은 확률일 것이다.

따라서 약 10여명의 디자이너들과 함께 가급적이면 다양한 캐릭터를 개발하고, 그 경험을 축적해 가는 과정으로 외부에서 수주를 받아 캐릭터를 개발하는 사업도 병행 였던 것이다.

한편 사고의 다양화를 위해 캐릭터공모전을 개최하여 다양한 작품들을 심사하고 개발자로 하여금 이론적인 디자인과 상품을 염두에 둔 디자인과의 차이를 교육시키고자 노력하였다.

● 공모전 시상식 장면/왼쪽이 저자

다양한 캐릭터의 개발 노력

공모전을 통하여 외부개발 사고를 접하면서 다양한 자체캐릭터를 개발하였으며, 우수 캐릭터를 확보하려는 노력은 당시의 시장과 소비트랜드를 분석하는데서부터 출발하였다. 2000년 당시의 시장 분석결과 다음과 같은 개발 포인트를 설정하기도 하였다.

- 차별화 전략 : 모방탈피, 트랜드 선호형, 독특함, 나만의 것
- 재미 전략 : 코믹, 키 치, 인디, 유치
- 감성 전략 : 소녀, 모성본능, 귀여움, 깜찍함, 애교스러움, 앙증맞음, 예쁨

그리고 담당자별로 개발하고자 하는 캐릭터 소재를 분리하여 진행하기도 하였는데 다음과 같은 기준도 자체적으로 확립하였다.

소재	칼라	계절	성별	컨셉	추가사항	담당자
강아지	백색		여	순수		공통
곰	●●●●●	가을,겨울	여	포근		이 누구
요정	●●●●●	봄,여름	여	순수	자연보호	김 누구
병아리	●●●●●	봄	여	귀여움	자연보호	민 누구
개구리	●●●●●	여름	여	귀여움	자연보호	안 누구
파리	●●●●●	여름	남	코믹		김 누구
똥	●●●●●		남	코믹		신 누구
팬더	●●●●●	여름	여	순수		김 누구
돼지	●●●●●	여름	여	귀여움		정 누구
공룡	●●●●●		남	귀여움		안 누구
바퀴벌레	●●●●●		남	코믹		이 누구
테크노시대	●●●●●		남	톡톡		민 누구

롱런, 머천다이징 캐릭터로서의 "두기"의 선택

약 2년간의 개발 끝에 꽤 다양한 자체캐릭터를 확보하였으나 일차적인 숙제는 그 중에 "어떤 캐릭터가 롱런할 수 있고, 다양한 상품에 적합하며, 세계시장에 진출할 수 있는가?"를 판단하는 것이었다.

가장 기초적인 조사는 일반대중들로부터의 선호도를 조사하는 것이고, 상품 적합성은 몇가지라도 직접 상품에 적용하여 판단하는 정성을 기울여야 한다.

이러한 바탕위에서 세계화에 맞는 명칭이나, 소재를 채택하였다.

앞서 언급한 것처럼 개발 당시 다양한 소재로의 접근을 꾀하였으나 많은 소재중에 '강아지' 소재에 집중한 이유는 세계적으로 성공한 강아지 캐릭터가 적고, 인간생활에 밀접한 관계를 가지고 있으며, 인간과의 호의적인 관계를 유지하는 점, 그리고 선의 단순화가 가능하다는 등의 이유에서 였다.

어쩌면 처음부터 메인 캐릭터로 강아지 캐릭터를 추구했는지도 모르지만 무엇보다도 상품적응성에서 적중하고, 캐릭터의 가치척도인 고객의 타겟 연령대를 넓게 가져갈 수 있도록 설정된 점 등이 '두기'를 선택한 이유일 것이다.

○ '두기' 이외의 다양한 자체 캐릭터들

 "두기"의 인지도 및 생명력 확보를 위한 노력

캐릭터의 인지도는 그 캐릭터의 탄생경위에 따라 급속하게 인식될 수도 있고, 꾸준히 인지도가 향상되는 경우도 있다.

방송매체를 통한 에니메이션 캐릭터의 경우 방송을 통해 비교적 빠른 시간내에 높은 인지도를 확보할 수 있는 반면, 두기와 같이 머천다이징 캐릭터로 개발된 것은 인지도 확보에 다소 시간이 걸리는 특징이 있다.

두기는 2000년에 탄생하여 2001년에는 라이센서가 직접 약20억원의 상품을 제작,유통함으로서 상품의 적합성이나 발전가능성을 체크할 수 있었다.

그리고 그때 개발, 판매한 상품은 향후 캐릭터의 인지도나 생명력을 향상시키기에 적합한 품목위주로 하였다.

예를 들면 벽장식, 쇼핑백 등을 편의점에 유통하여 캐릭터의 홍보효과를 의식하였으며, 정서적이고 오래 쓸 수 있는 고품질 상품으로서 어린이공부상, 벽시계, 탁상시계 등을 유통하여 소비자의 생활에서 '두기'라는 캐릭터를 자연스레 접하게 하는 계기를 만들었다.

그리고 오랜 상품제작경험에 의해 특허를 보유한 품목이나 캐릭터의 이미지를 향상시킬 수 있는 상품은 라이센서가 직접 제작하여 수출위주의 판매를 하였다.

　기술력을 바탕으로 한 이러한 상품은 캐릭터의 인지도를 더욱 확산할 것이며, 특허로 보호되어 어떤 라이센서도 흉내내지 못할 경쟁력이라 할 것이다.

　또한 어린이 학습지의 디자인이나, 적극적인 방송 PPL[2]을 실시하였으며, 이카드, 모바일, 플래시애니메이션 등을 통한 커뮤니케이션 활동을 강화 하였다. 이러한 작업은 투자에 비해 장기적이며,즉시적인 효과를 기대할 수 없는 것이므로 경영자의 정책적인 판단이 필요한 것이었다.

　'두기' 의 생명력을 증대 시키기 위한 노력으로는 2000년부터 '한국백혈병 소아암협회' 의 홍보대사와 '삼성그룹의 꿈나무 IT교육' 분야의 홍보대사로써 좋은 이미지를 확보하였으며, 저자가 임원으로 재직하고 있는 서울대어린이병원후원회를 통하여 소아암으로 고생하는 어린이들에게 각종 지원을 아끼지 않았다.

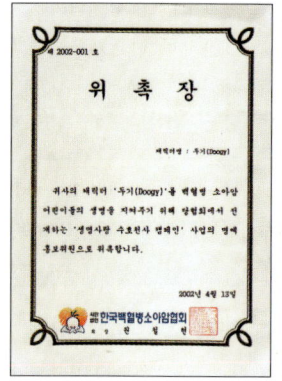 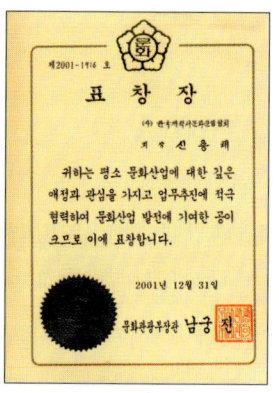

---

2) 방송국에 일부상품을 지원하여 단품으로써 어떤 캐릭터상품을 노출 시키는 것이 아니라 어떤 드라마의 주인공의 직업이 캐릭터샵을 운영하는데, 그때의 매장컨셉을 '두기매장' 으로 한다던지, 어떤 프로그램에 대한 전적인 지원을 하여 적극적으로, 그리고 지속적으로 노출하는 방법을 사용하였다.(2000년경 SBS 의 '아버지와 아들' 이라는 드라마 등)

 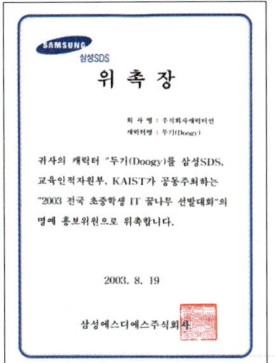

    그리고 라이센서중 디자인 컨폼을 회피하려 하거나 품질이 뒷받침 되지 않는 업체는 순간의 수익에 급급하지 않고 재계약을 하지 않는 과감한 정리를 단행하였다.
    어떤 회사가 품질이 엉망이고, 두기의 롱런 생명력에 위배되는 디자인을 한다면 같이 노력하는 타라이센시에게 피해를 줄 뿐만 아니라 고객의 마음속에서 멀어지는 캐릭터가 될 수 있기 때문이다.

"두기"에게 배우는 캐릭터 10계명

디자인정글에서 캐릭터 트랜드를 선호하거나, 경쟁력을 업계로부터 인정 받는 캐릭터, 또는 다소 실험적인요소가 있는 캐릭터로 두기를 선정하여 '캐릭터 10계명'을 발표한 적이 있다.

이는 캐릭터를 개발하는 디자이너뿐만 아니라 마케터들에게 도움을 주기위한 것으로 캐릭터의 탄생과정에서부터 마케팅에 이르기까지 전반적인 내용이 포함된다.

특히 아이디어 스케치에서부터 매뉴얼 작업, 탄생된 캐릭터 그리고 캐릭터 상품화 등 대부분의 프로세스를 보여줌으로써, 디자이너들의 작업에 도움을 주고자 했다.

이를 요약하면 1.캐릭터에 확실한 성격을 부여하라. 2.대중의 감성을 자극하라. 3. 시기를 놓치지 마라. 4. 캐릭터 비즈니스를 위한 기획을 함께 구상하라. 5. 활용하고자 하는 브랜드의 타깃과 성격을 고려하라. 6. 때론 침묵하라. 7.뉴미디어를 활용하라. 8. 광고 PR에 캐릭터를 활용하라. 9. 보조 캐릭터를 만들어 활용하라. 10. 캐릭터 개발 결과물을 반드시 매뉴얼로 관리하라. 등이다.

귀여운 강아지 캐릭터 '두기'를 '캐릭터 마케팅 10계명'에 적용시켜 본다.

✿ 두기친구들(오른쪽부터 칙, 두기, 피동이, 프린)

캐릭터에 확실한 성격을 부여하고, 대중의 감성을 자극하라

두기 캐릭터는 개발자의 어느 순간 모티브에 의해 개발된 캐릭터라기보다 철저히 기획 과정을 통하여 탄생한 캐릭터라 할 수 있다.

기획 과정에서 가장 중점을 둔 부분은 친근감이라 할 수 있으며, 강아지 특유의 친근감을 최대한 부각시켰고, 귀여우면서도 앙증맞고, 엉뚱한 모습들을 통하여 펀(FUN)요소를 가미했다. 이러한 기획 의도는 결국, 21세기 메가트렌드 3F인 'Female', 'fiction', 'feeling'을 염두에 둔 고객 세분화 전략의 일환이라 할 수 있다.

캐릭터 비즈니스를 위한 기획을 함께 구상하고, 활용하고자 하는 브랜드의 타깃과 성격을 고려하라

'두기'는 철저하게 상품화를 염두에 두고 개발된 캐릭터이므로, 라인아트 워크가 매우 자연스럽고 심플한 느낌을 주며, 상품에 적용하는 과정이 매우 용이하다는 평이다. 또한, 캐릭터가 사용하는 컬러도 BLACK&WHITE로 단순화하여, 제품제작 과정상의 경제성 부문도 두기 캐릭터의 숨어있는 경쟁력이라 할 수 있다.

두기 캐릭터 제품은 라이센싱 사업을 본격화하기 이전, 캐릭터를 가장 잘 표현할 수 있는 카테고리(봉제인형, 도기제품)위주로 개발되었으며, 캐릭터를 개발한 '캐릭터인'이 직접 제품을 출시하여 시장에서의 반응을 확인하는 단계를 거쳤다. 현재는 목표고객층에서 선호하는 제품군, 생활용품군 위주로 그 영역을 확대해 나가고 있는 상태다.

현재 (주)씨아이머천다이징에서는 '두기'의 대중화를 위해 캐릭터 뮤직 콘텐츠 및 두기GRAM 서비스 등, 차별화된 기획 및 마케팅 활동을 전개하고 있으며, 다양한 캐릭터 아키텍처도 개발하고 있다.

시기를 놓치지 말고 때론 침묵하라

최근 국내 캐릭터 시장은 특정 캐릭터를 제외하고는 전체적인 시장 흐름이 저조한 상태다. 따라서 '두기' 캐릭터를 위한 비즈니스 마케팅은 템포를 조금 늦추고 있다. 이는 광고와 각종 프로모션을 통해 국내 캐릭터 산업의 강자로 부각되고 있는 엽기 토끼의 독주를 견제하기 위한 것으로 보인다. 경쟁 캐릭터와는 다른 차별화된 활동을 전개해 나가며, 전략적인 포지셔닝 창출에 전력을 기울여, 새로운 아이템을 찾는다는 것이다. 한 예로 '두기' 테마송을 통한 뮤직(플래시)비디오를 개발한 것은 '두기' 의 이미지를 한층 더 업그레이드 시키는 계기를 마련했다는 분석이다. 즉 때론 침묵하면서도 캐릭터의 이미지를 확대해 나가는 'Image Making' 을 주요 프로모션 전략으로 삼고 있다.

광고 PR에 캐릭터를 활용하고, 뉴미디어를 활용하라

 '두기' 는 캐릭터 프로모션을 확대하여 온라인을 통한 네티즌 확대와 광범위한 인지도 효과를 얻을 수 있는 TV광고를 통해 '두기' 이미지를 확대해 나가고 있다. '두기' 는 SBS 시트콤 드라마 '허니허니' 와 SBS 주말드라마 '아버지와 아들' 에 고정 출연하는 것을 비롯하여, KBS 월화드라마 '미나' 와 SBS 시트콤드라마 '남과 여' 에도 출연하는 등 본격적인 TV광고 노출에 나선 바 있다. 또한 캐릭터 상품을 유지하는 데는 마케팅 다음으로 중요한 것이 '유통'이라 할 수 있으므로 캐릭터 상품의 주 타깃인 10대에서 20대 소비층이 쉽게 접할 수 있고, 더 나아가 전 연령층까지 확대되어 구매할 수 있는 유통체계를 구축해나가고 있다. 이 외에도 캐릭터의 대중화를 위해 뉴미디어의 활용도 매우 적극적이다.

지난 2001년부터 인터넷포탈사이트 레떼(www.lettee.com)와 무선인터넷서비스(www.nate.com)를 통해 플래시 카드와 멀티미디어 모바일, 애니메이션 서비스도 지속적으로 전개하고 있으며, 특히 두기 홈페이지(www.doogy.co.kr)를 통해 두기의 이미지를 한층 더 업그레이드시켰다.

◐ 두기 크리스마스 스크린세이버
(두기홈페이지에서 다운서비스 가능)

◉ 두기 크리스마스 스크린세이버 화면

보조 캐릭터를 만들어 활용하고 캐릭터 개발 결과물을 반드시 매뉴얼로 관리하라

특히 보조 캐릭터라고 할 수 있는 귀여운 돼지 캐릭터 피둥이(Peedoong)를 비롯하여 도도한 프린(Prin)과 칙(Chic)은 플래시 애니메이션을 비롯하여, 다양한 애니메이션 서비스에 감초로 등장하여, '두기'의 인기를 돕고 있다. 현재 두기 상품은 개발사가 시장조사 차원으로 개발한 상품(봉제인형, 사기머그컵, 액세서리 등)을 비롯해 라이센스 계약체결을 통한 욕실용 목재걸이, 욕실용 변기시트 커버, 매트, PET 상품 등과 신학기에 출시 예정인 봉제필통, 봉제지갑 상품 등 다양한 상품이 출시, 장기적이고 가치 있는 캐릭터 밸류를 창출하고 있다.

〈출처:디자인정글,두기에게 배우는 캐릭터 10계명,기고자:월간 디자인네트 기자 변명주〉

"두기"의 파급효과와 라이센싱의 경과

2001년 '두기'를 개발완료하고, 모바일,이카드, 플래시애니메이션 등 각종 커뮤니티자료를 제작하면서 자체적인 전국 유통라인을 활용하여 다양한 '두기상품'을 제작,유통하였다.

라이센서가 직접투자하여 개발한 상품들은 주로 홍보적인 효과나 정서적인 면에서 고객에게 어필할 수 있는 상품이며, 라이센싱단계 이전에 라이센서가 머천다이징분야를 직접적으로 투자한 것은 타라이센서에 비해 이후 라이센시로부터 강한 도덕적 인상[3]을 심어 주었다.

2002년부터는 자체 제작을 줄이고 전문회사별로 '두기 아동의류'를 필두로 하여 본격적인 라이센싱을 개시하였다.

그러나 라이센싱 초기의 로얄티수익은 개발단계에서 여러 가지를 경험하면서 다양한 캐릭터중에 엄선하거나 커뮤니케이션에 필요한 재료들을 만들면서 수십억원의 투자가 실행된 것에 비해 아주 미미한 수준이였다.

---

3) 보통 일러스트상으로 캐릭터를 완성하여 라이센싱하는 것에 비해 향후 라이센싱할 머천다이징분야에 직접 투자하여 '나 같으면 두기상품을 살 것인가' 하는 측면을 자체적으로 검증한 것은 그만큼 라이센시의 위험부담을 줄인 것이다. 이와 같은 면에서 일러스트상태의 캐릭터를 통해 '로얄티수입' 에만 의존하는 것에 비해 도덕적이라는 이야기를 듣곤 한다.

두기를 출시한 이듬해인 2002년은 약10개사를 계약하였고, 2003년은 약17개사와 계약을 하였다.

그러나 라이센시가 하나둘 늘어나면서 무작정 그 숫자만 증대시킬 것이 아니라 질적으로도 성장시켜야 한다는 의지로 전문성이 떨어지는 몇몇 라이센시들을 정리하며, 일정기간은 오히려 그 숫자가 줄어들어 로얄티수입도 축소될 수 밖에 없었다.

그리고 찾아 오는 고객보다는 전문성을 파악할 수 있는 회사에 찾아가는 마케팅을 실시하여 숫자에 급급하지 않는 인내적인 경영활동을 시작하기 위해 대표이사는 모든 대외활동을 줄이고 계약전에는 반드시 그 회사의 사고와 전문성을 체크하려고 노력하였다.

그러한 노력은 단기적으로는 로얄티수익을 축소하였으며, 노력에 비해 계약 건수도 늘지 않는 편이였다. 그러한 마케팅활동은 현실적인 고통을 가져다 주었으나 최근에는 다양한 회사들과 계약을 하게 되어 30여개의 업체에서 약 1,000여종의 두기상품이 출시 되고 있다.

예상했듯이 두기는 롱런하는 스테디한 캐릭터이므로 급작스런 매출증대는 기대하지 않고, 꾸준히 노력하여 오히려 "뜨는 캐릭터이기 보다지지 않는 캐릭터"라는 인식을 확보하였다.

따라서 그 로얄티수익도 투자에 비해 단기간에 고수익을 내기는 어렵지만 도덕성과 전문성을 겸한 단하나의 계약을 위해 인내한 시간은 '두기가 살아 있을 오랜기간에 비해서는 미미한 기간' 이라는 인내와 열정을 잊지 않았던 것이다.

'두기'가 끊임없이 성장하면서 오랫동안 그 생명이 지속 된다면 아무리 단기간의 인기있는 캐릭터의 수입은 비교가 되지 못할 것이다.

 "두기"의 성공요인과 경쟁력 분석

두기의 성공비결은 '과감한 투자와 창의적인 사고' 그리고 '다양한 경험'이라고 할 수 있다. 어느 포탈사이트 포토에세이에서 2006년 '강아지 해'를 맞이하는 기념으로 두기의 벽,탁상,손목시계를 활용한 시계탑을 만든 것을 본적이 있다.

이는 저자가 개띠해를 맞은 퍼포먼스로 두기가 "롱런 캐릭터"임을 강조하기 위해 시계라는 소재를 사용하여 만든 것이다.

이와 같은 창의적인 사고가 오늘날의 "두기"를 있게 한 것이다.

초기 라이센싱과정에서의 장기적인 안목과 원칙적인 경영활동도 그간의 경험에서 기인한 것이다.

아마 단기간의 수익위주의 경영을 지향했다면 오늘날의 두기는 "잠시 왔다가 사라지는 타임성 캐릭터"에 불과 했을 것이다.

그리고 무엇보다도 저자의 다양한 캐릭터상품사업 경험이 "현실성 있는 고객 관리"를 가능케 하였고, "롱런 캐릭터"에 대한 철저한 기획과 실천을 할 수 있는 기반이 된 것이다.

'두기'는 과감한 투자와 제대로 연구개발과정을 거쳐 탄생시킨 캐릭터라는 점에서 이미 경쟁력을 확보하고 있을 것이다.

경영 전략과 시사점 분석

저자는 90년대 중반 어떤 대기업에서 캐릭터,완구분야의 실무를 추진하면서 "의사결정구조가 복잡하고 긴 대기업의 시스템과 주인이 모르는 사업이라는 측면에서 그 사업을 정리했다'고 한다".

기업은 결국 사람이 하는 것이며,사람이 가장 중요하지만 업무의 리딩에 있어서는 회사의 오너 혹은 대표이사가 그 직무에 대해 모르고 둔하다면 그 회사는 해당분야의 전문성을 확보하기는 어렵다.

물론 구성원들이 능력과 경험이 있어야겠지만 수많은 직원들이 입사,퇴사를 거듭해도 늘 그 자리에 있어야 하는 대표는 자신의 경험과 직감에서 우러나오는 일관된 철학과 원칙을 가지고 있어야 한다.

그러한 면에서 가장 많은 종류의 캐릭터상품을 제작,유통하거나 그런 경험에서 우러 나오는 직감과 능력으로서 '창의력을 바탕으로 하는 캐릭터 사업'에 과감한 투자를 하였던 것이다.

그리고 저자는 상경계열 출신이면서 하나의 대기업에서 10년간 다양한 직무를 경험하려 노력하였으며, 직접적인 캐릭터분야 이외에 회사를 경영하는데 무시할 수 없는 경리,회계,기획,인사 등의 공부에도 노력해 왔다.

이러한 요소들은 기업경영에 있어 어느것 하나 중요하지 않는 것이 없는데 실폐하는 많은 기업은 해당사업의 전문성이 부족하다기 보다는 이러한 관리분야를 소홀해서 롱런하지 못하는 경우가 허다 하다.

> **경 영 관**
> 사람이 중요한 회사
> 이익중심의 실리경영
> 자율과 책임
>
> **인사관리 방침**
> 1. 고품질 경영, 전 사원 경영을 지원하는 기능으로서의 인사정책
> 2. 능력,태도,직무상의 업적 등을 중심으로 한 능력주의 인사제도 및 연봉제도채택
> 3. 신속한 의사결정과 강력한 업무추진을 특징으로 하는 리더쉽중시

○ 저자의 경영관 및 인사관리방침

이러한 저자의 업무에 대한 열정은 (사)캐릭터문화산업협회장직을 수행 하면서도 에니메이션, 만화, 게임, 음악과 같은 주변 콘텐츠사의 대표들과 교류를 통해 캐릭터 주변 요소들을 감안한 캐릭터 사업을 연구하는 노력으로 이어 졌다.

이처럼 "두기"의 성공에 있어서의 경영적인 시사점을 든다면 캐릭터기업의 대표가 우선 열정을 가지고 진정한 직무노력을 해야 하며, 더욱이 회사를 경영하는데 필요한 다양한 관리분야에도 남에게 의지하지 않고 유지할 수 있는 안목을 키워야 한다는 것이다.

그러한 노력위에 주변컨텐츠들과의 관계분석에 의한 2차적인 발전을 모색하며, 실패한 경험도 소중하게 발전의 밑거름으로 활용하는 알뜰한 경영이 필요하다는 것이다.

 "두기"의 향후 발전계획

'두기'는 그동안 남이 소홀히 하는 분야에 많은 투자를 해왔다.

예를 들면 특징있는 상품화, 심도있는 일러스트 개발, 생명력을 부여하기 위한 캐릭터의 사회적 활동 등인데, 이러한 것들이 오래가는 컨셉과 부합되어 이른바 '지지 않는 캐릭터'라고 평가되고 있다.

이렇게 남이 하지 못하거나 소홀히 하는 기초적인 것이 잘 형성되고, 국내에서는 어느정도 라이센싱이 확립되어 다양한 상품이 출시되고 있다.

이런 시점에서는 앞으로는 무엇보다 세계화가 필요할 것이다.

한국에서 성공한 어떤 캐릭터가 가지고 있는 잠재력에 비해 사실 국내시장은 너무나 협소하다. 어쩌면 한국시장은 한국캐릭터이기 때문에 그 출발점이라고도 할 수 있을 것이다.

'두기'는 일찍이 세계화를 염두에 두고 개발되었으며, 향후 가장 선도적인 과제는 해외진출이다.

이를 위해서는 해외 마케팅에 적합한 인재를 육성해야 할 것이며, 각국에서의 라이센싱을 위한 상표등록, 제도적 검토 등도 필요할 것이다.

그리고 머천다이징 분야로의 계획은 두기가 다양한 고객층에 적합하다는 장점을 활용한 더욱 다양한 상품을 출시하여야 한다.

캐릭터가 시대에 따라 그 형상이나 이미지가 변할 수 있는 것은 '그 캐릭터를 시대에 맞게

변화시킬 수 있는냐?' 하는 개발자의 안목과 투자에 달려 있다.

'두기'가 탄생한지 5년이 지난 지금 급작스런 변화를 위해 그 형상을 변화시킬 필요는 없다고 본다.

다만 얼마간의 상품화 테스트를 거친 '스케치 형태의 두기' 일러스트[4]를 발전시키는 등의 노력은 아끼지 말아야 한다.

○ 클래식 두기의 일러스트 예시

아무리 기초적인 설정이 잘 되어 있고, 현재에는 상업적으로 잘 활용되고 있다 하더라도 이를 사업적으로 활용하는데 있어 과도한 유지비용이 든다면 앞서 말한 '두기'의 비젼은 이론에 불과할지 모른다. 따라서 '두기'의 라이센서는 경제성 원칙에 따라 캐릭터를 장기적인 관점에서 발전시키면서 세계화를 위한 준비를 할 것이다.

---

4) 이를 '클래식 두기'라고 부르고 있다.

▶▶ 라이센싱 관리

　두기의 디자인 승인은 '디자인 승인 양식'에 의해 팩스 혹은 이메일로 라이센서에게 전달되고, 라이센서는 특별한 경우가 아닌한 당일 그 결과를 통보한다.

　대부분의 라이센시들이 공동으로 캐릭터의 이미지를 유지하는데 충실하여 대부분 승인번호를 부여 하지만, 가끔은 인위적 변형이나 copy right표시가 되지 않아 수정요구를 받을 때도 있다.

　물론 기본적인 변형이나, 표준적이지 못한 것을 지적하여 여러업체에서 캐릭터의 지속적인 이미지를 관리하기 위한 컨폼이기는 하지만 무엇보다도 '소비자의 관점에서 좀더 나은 방법은 없을까?' 하는 시각으로 라이센서의 의견을 제시하기도 한다. 그리고 상품소재의 특성에 따른 디자인을 감안하여 보는데 이는 그만큼 상품 제작 경험이 많기 때문에 이론적이지 않고 신속히 승인을 할 수 있는 것이다.

　디자인 승인은 이처럼 일러스트단계와 완제품승인 단계로 구분하며, 완제품 샘플은 고가상품이 아닌 경우 2-3개씩을 수령하여 홍보 및 프리마케팅 자료로 활용한다. 이처럼 '두기'의 디자인 컨폼은 승인하는 자세나 신속성면에서 경쟁력을 가진다.

두기 라이센시는 분기 1회의 로얄티레포트를 제출하게 되어 있다. 대부분의 해외 캐릭터들이 월 1회 레포팅하는 것에 비해 라이센시입장에서 그 업무를 줄이려고 한 것이다. 그리고 모든 상품에 원칙적으로 증지를 부착하도록 하고 있다. 증지가 로얄티의 허위보고를 통제하는 수단으로서가 아니라 불법복제품과 구별할 수 있는 수단이며, 소비자들에게 정품이라는 인식을 심어주기 위하여 활용한다.

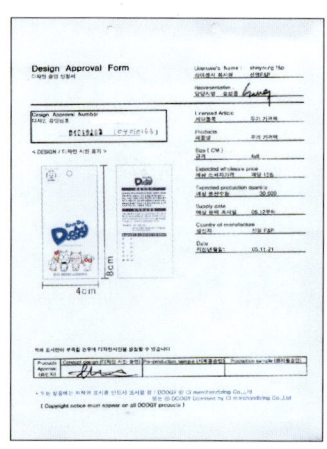 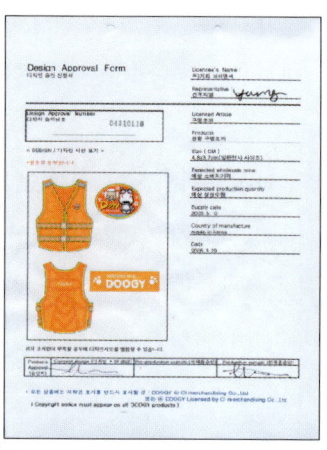

○ 디자인 승인서 예시

○ 디자인사례 : 샤워커텐과 타올

◐ 디자인사례 : 사탕과 음료수

Chapter 07 • 캐릭터 "두기"의 성공사례 분석 ∴ 169

다양한 "두기" 상품

어떤 캐릭터의 상품이 완구 뿐만아니라 생활용품에 이르기 까지 다양하게 출시된다는 것은 단기적인 생명력을 가진 캐릭터는 불가능하다.

'두기'가 롱런 캐릭터로 인지되면서 그 품목은 점점 늘어 나고 있다.

키덜트[5]란 말이 있듯이 점차적으로 성인용품으로 까지 확대될 것이며, 어린이들이 자라면서 소구하는 캐릭터상품도 넓어 진다고 볼 때 '두기' 캐릭터의 상품은 세대를 넘나들고, 품목의 제한도 없어질 것 같다.

◎ 아동의류

---

5) 키즈(kids)와 어덜트(adult)의 합성어로 최근에는 어린이의 감성을 가진 어른을 일는 말로 쓰인다.

◐ 내의 및 양말

◐ 침구류

◐ 담요 및 매트류

◐ 침상 소품류

◎ 봉제인형

◎ 주방용품

◎ 욕실용품

◎ 재떨이 및 휴지통

∴ 거꾸로 가지 않는 사업, 캐릭터 사업의 실체

♦ 공부상 (Study Table)

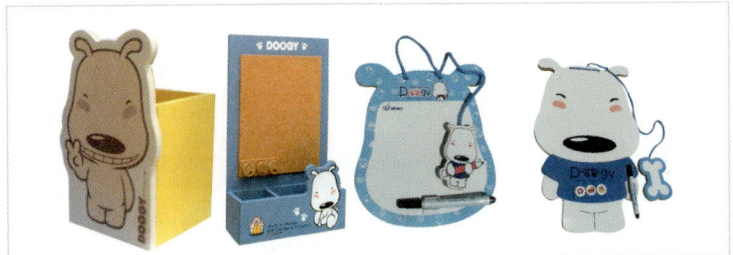

♦ 목재 소품류

♦ 저금통류

♦ 액자류

● 브라인드

● 소형 가전제품

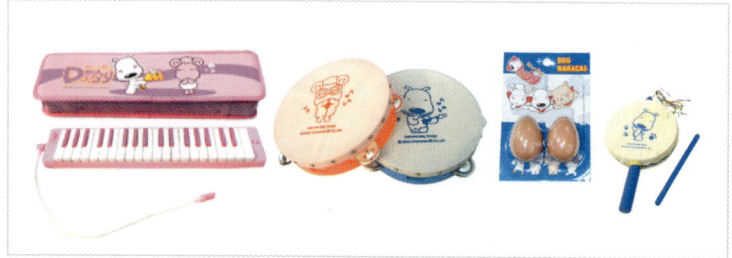
● 교재용 악기류

● 벽시계, 탁상시계

● 손목시계

◎ 컴퓨터용 악세사리

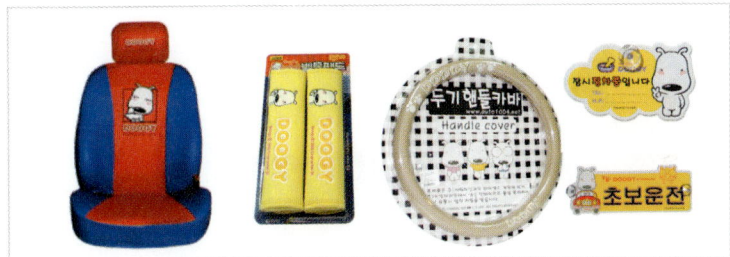

◎ 차량용품

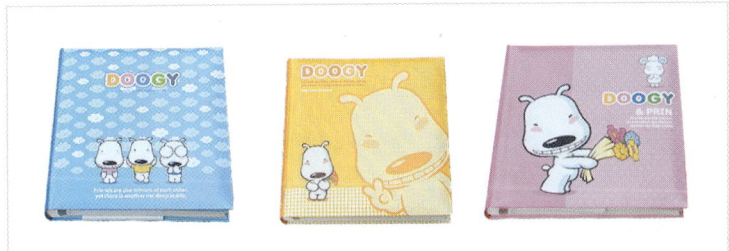

◎ 앨범류

◎ 연필깎기 및 필통

Chapter 07 • 캐릭터 "두기"의 성공사례 분석 ∴ 175

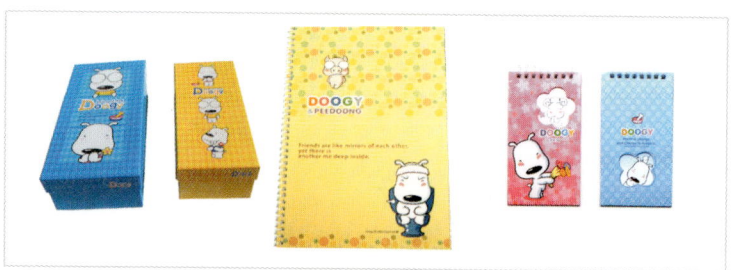
◐ 노트류 및 지함

◐ 필기구류

◐ 화구류

◐ 쇼핑백

◐ 과자 및 음료

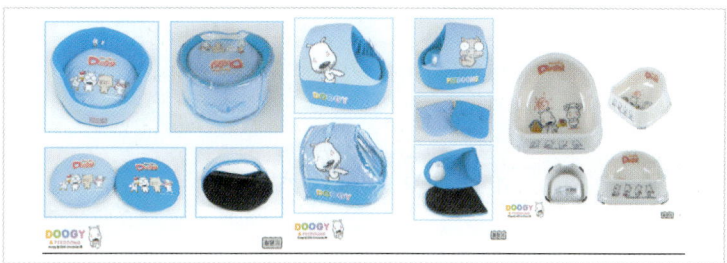

◐ 애견용품

◐ 애견의류

◐ 애견식품

Chapter 07 • 캐릭터 "두기"의 성공사례 분석 ∴ 177

◐ 유아용 가방류

◐ 스쿨백

◐ 모자, 목도리

◐ 구명조끼 및 피크닉매트

◐ 완구 및 정리함

◐ 우산

◐ 출판인쇄물

◐ 캐릭터 식물

◐ 아토피케어 화장품

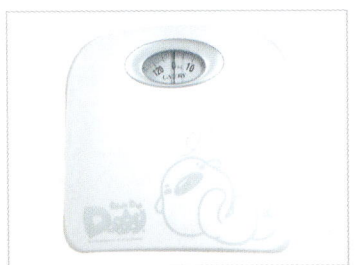 

◐ 체중계, 찬양반주기 등

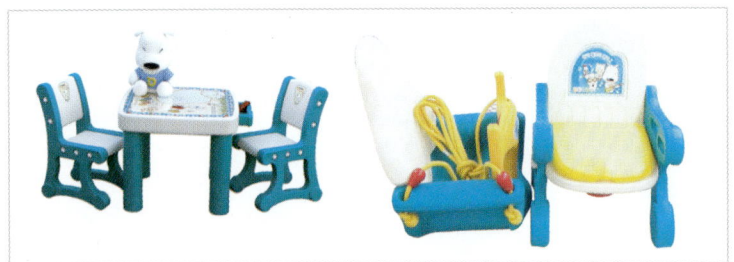

◐ 어린이 책걸상, 그네, 변기

◐ 핸드폰 줄

부록 I

"두기"의 캐릭터 컨셉과 매뉴얼

캐릭터 매뉴얼은 캐릭터를 사용하는 사업자가
정확하고 올바르게 사용할 수 있도록 사용방법과
기준을 안내해 놓은 것이다.
따라서 '두기'를 사용하는 모든 상품디자인은
캐릭터 이미지의 동일성 유지를 위해 매뉴얼의
지시사항을 따라야 하며 상품의 특이한 공정상의
이유 등으로 부득이 매뉴얼의 내용을 벗어날 경우
라이센서와 협의에 의해 조정할 수 있다.
매뉴얼에 주로 포함되는 내용은 '두기'의 컨셉,
가이드라인, 응용동작, 저작권표시 방법,
상품디자인 사례 등이며, 실무의 편의를 위해
매뉴얼 북과 함께 CD로 제작하여 배포한다.

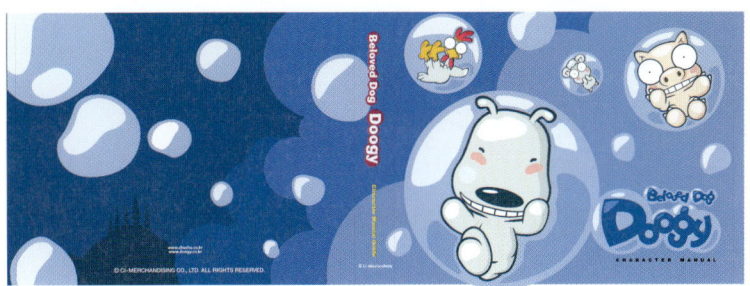

◐ 두기 매뉴얼북 표지

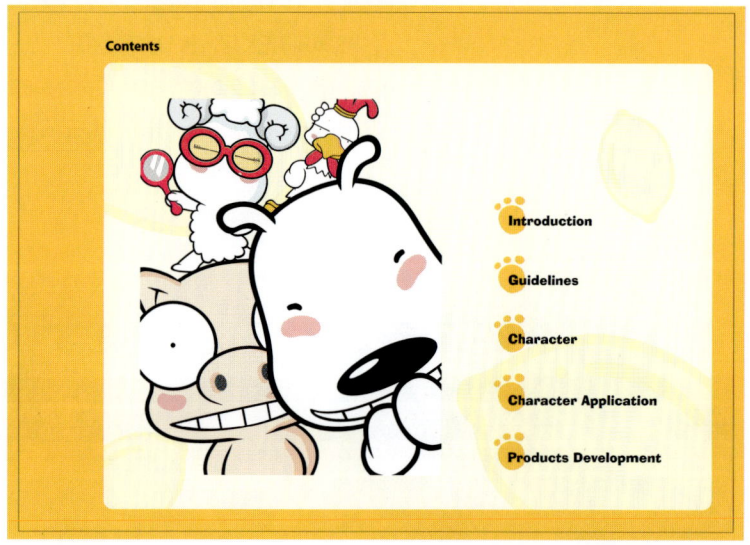

Introduction

Doogy is ....?

애교넘치고 사랑스러운 귀여운 강아지 두기의 호기심
어린눈으로 바라보는 새로운 세계를 경험해 보시기 바랍니다.
**Experience a new world viewed through the curious
eyes of a cute and lovely puppy, Doogy.**
愛嬌あふれ、愛らしいかわい子犬ドゥーギの好奇心
幼い目で見つめる新しい世界を..してください。

Synopsis

두기는 잘심없는 호기심으로 언제나 새로운 것에 대한 동경을 한다.
모든것이 새롭고 신기하기만 하다.
두기는 애교많고 익살스런 강아지다.
그러나 약간의 얄미움이 느껴지기도 한다.
두기는 단짝 친구인 피동이(Peedoong)와 항상 같이다니며 즐거움과 괴로움을 함께 한다.
하지만 둘은 단짝이기는 하지만 언제나 으르렁대며 티격태격한다.
특히 두기와 피동이의 절대적인 사랑을 받고 있는 푸린(Prin) 앞에서는 둘다 이성을 잃는다.

Doogy always looks for new things with curiosity.
Everything is new and marvelous to him.
Doogy is a charming and humorous puppy.
but his behavior is a bit wicked sometimes.
Doogy always gets along with this friend Peedoong and shares his pleasure and pain.
Although they are good friends, they always bicker with each other.
infront of Prin, beloved by both Doogy and peedoong,
they go crazy to win her love.

ドーギは旺盛な好奇心でいつも新しい物に、して憧れる。
全てが新しく、不思議に感じる
ドーギは愛嬌たっぷりで面白い子です。
しかし、ちょっと憎らしい面を持たれたりもします。
ドーギは根様のピードン(Peedoong)といつも一。で、しみもともに分ちあいます。
しかし、ふたりは仲はよいけど、いつも小競り合いを絶やしません。
特にドーギとピードンの絶。の愛を受けているプーリン(Prin)の前では方とも理性を失ってしまうのです。

Character Profiles

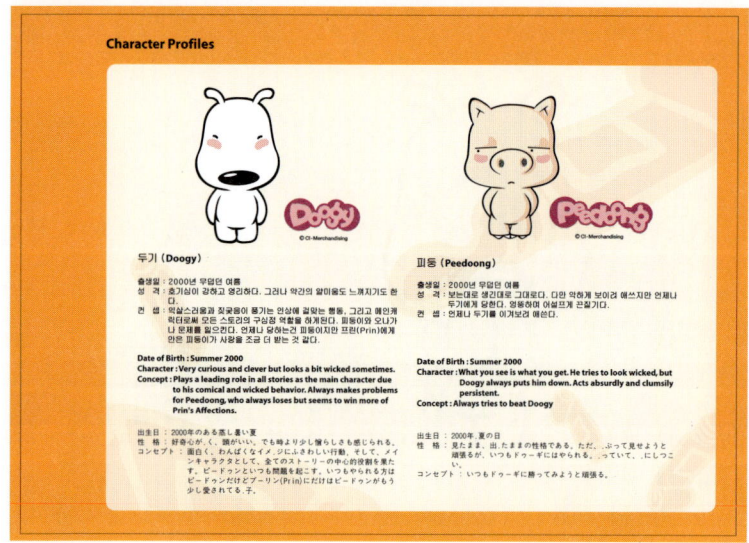

두기 (Doogy)

출생일 : 2000년 무덥던 여름
성 격 : 호기심이 강하고 영리하다. 그러나 약간의 얄미움도 느껴지기도 한다.
컨 셉 : 익살스러움과 귀찮게 하는 인상에 깊이는 둥둥. 그리고 메인 캐릭터로써 모든 스토리의 구심점 역할을 해나간다. 피동이와 오나가는 문제를 일으키는, 하지만 피동이에게만 한한 피동이가 사랑을 조금 더 받는 것 같음.

Date of Birth : Summer 2000
Character : Very curious and clever but looks a bit wicked sometimes.
Concept : Plays a leading role in all stories as the main character due to his comical and wicked behavior. Always makes problems for Peedoong, who always loses but seems to win more of Prin's Affections.

出生日 : 2000年のある暑い夏
性 格 : 好奇心が、く、頭がいい、でも時々少し憎らしさも感じられる。
コンセプト : 面白く、わんぱく(なイメ、)にふさわしい行動、そして、メインキャラクターとして、全てのストーリーの中心的役割を果す。ピードンという問題を起こす、いつも やられる方はピードンだけどプーリン(Prin)にはピードンがもう少し愛される子。

피동 (Peedoong)

출생일 : 2000년 무덥던 여름
성 격 : 보는대로 생각대로 그대로다. 다만 악하게 보이려 애쓰지만 언제나 두기에게 당한다. 엉뚱하며 어설프게 끈질기다.
컨 셉 : 언제나 두기를 이겨보려 애쓴다.

Date of Birth : Summer 2000
Character : What you see is what you get. He tries to look wicked, but Doogy always puts him down. Acts absurdly and clumsily persistent.
Concept : Always tries to beat Doogy

出生日 : 2000年の夏の日
性 格 : 見たまま、出、たままの性格である、ただ、ぶって見せようと頑張るが、いつもドーギにはやられる、ついて、にしつこい、
コンセプト : いつもドーギに勝ってみようと頑張る。

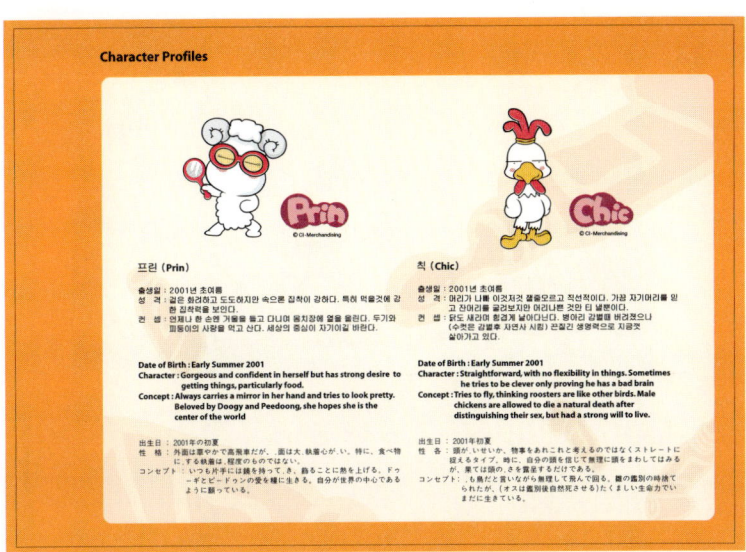

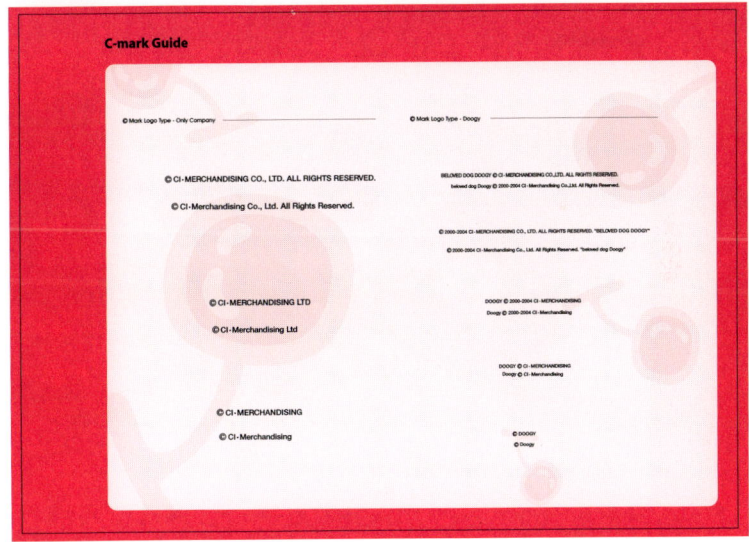

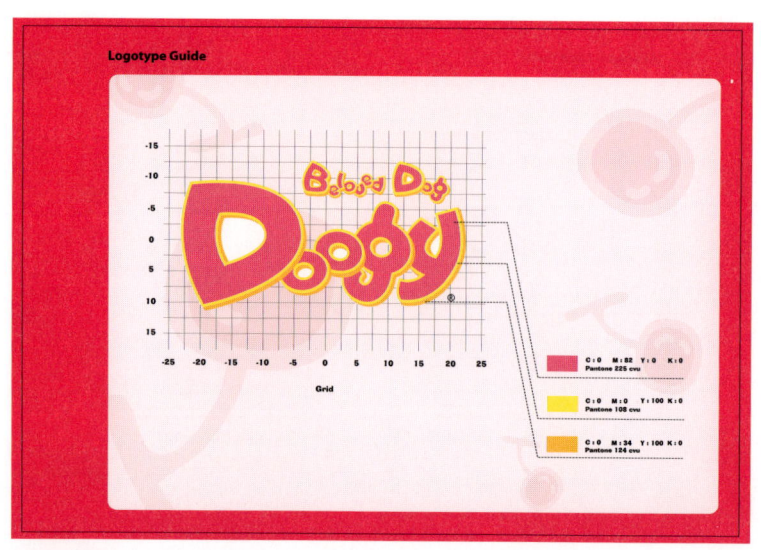

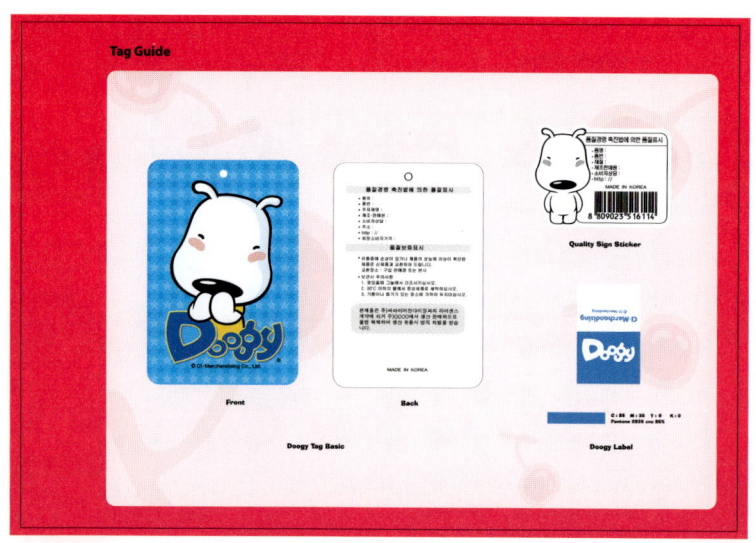

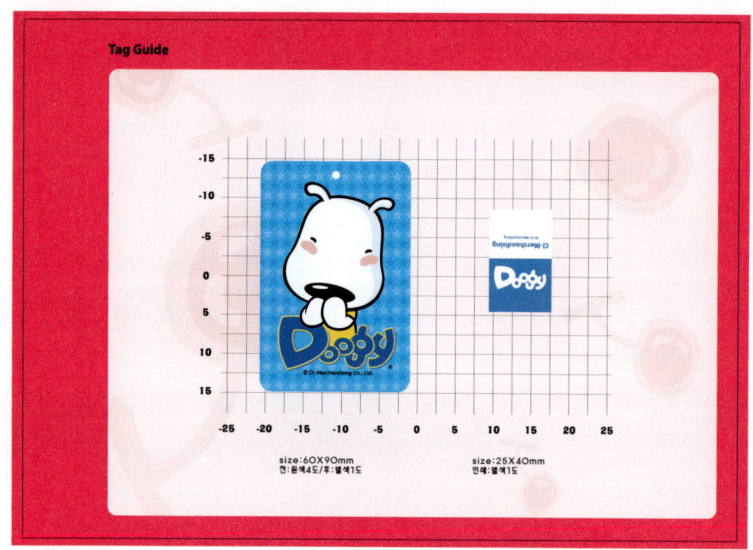

부록 I • "두기"의 캐릭터 컨셉과 메뉴얼 191

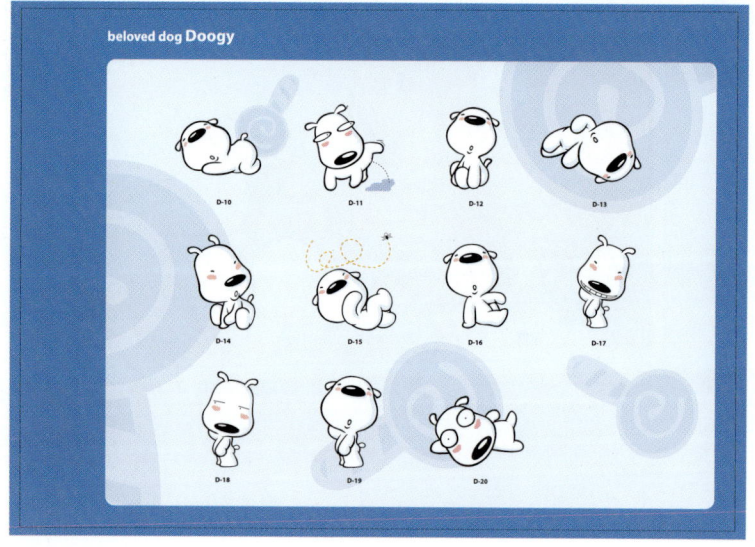

부록 I • "두기"의 캐릭터 컨셉과 메뉴얼 ∴ 193

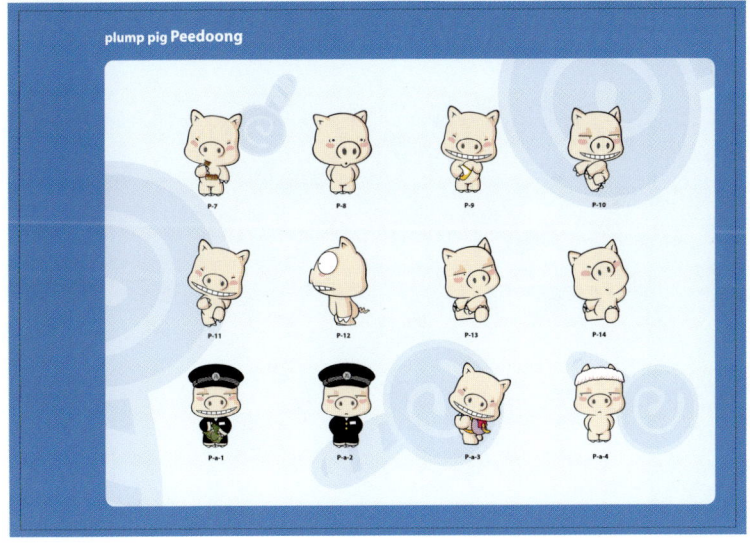

부록 I • "두기"의 캐릭터 컨셉과 메뉴얼 ∴ 195

부록 I • "두기"의 캐릭터 컨셉과 매뉴얼 ∴ 197

부록 I • "두기"의 캐릭터 컨셉과 메뉴얼 ∴ 199

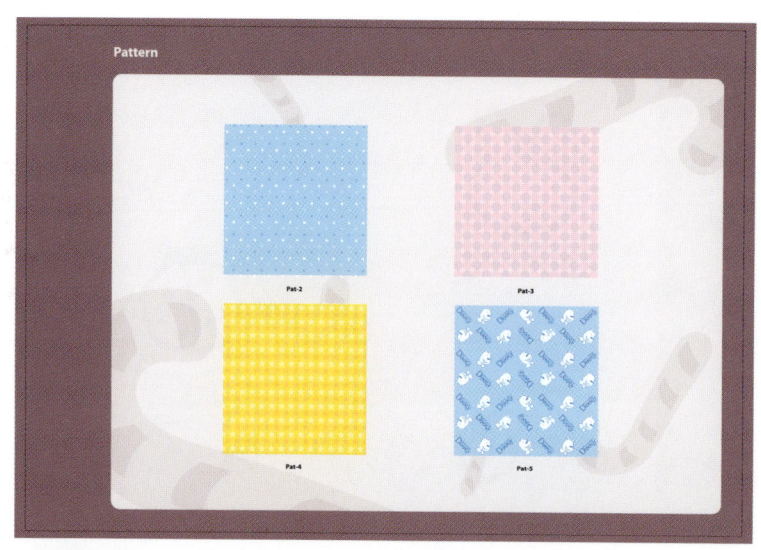

Products

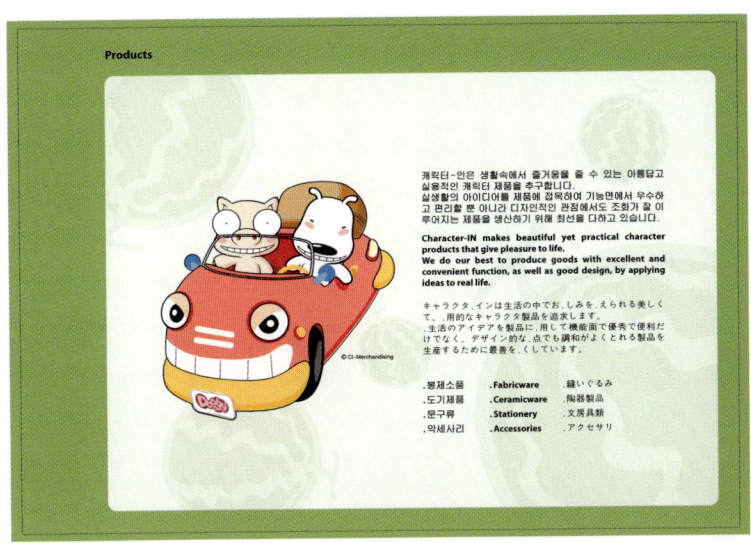

캐릭터-인은 생활속에서 즐거움을 줄 수 있는 아름답고 실용적인 캐릭터 제품을 추구합니다.
실생활의 아이디어를 제품에 접목하여 기능면에서 우수하고 편리할 뿐 아니라 디자인적인 관점에서도 조화가 잘 이루어지는 제품을 생산하기 위해 최선을 다하고 있습니다.

Character-IN makes beautiful yet practical character products that give pleasure to life.
We do our best to produce goods with excellent and convenient function, as well as good design, by applying ideas to real life.

キャラクタ・インは生活の中でお．しみを．えられる美しくて、．用的なキャラクタ製品を追求します。
．生活のアイデアを製品に．用して機能面で優秀で便利だけでなく、デザイン的な．点でも調和がよくとれる製品を生産するために最善を．くしています。

. 봉제소품   . Fabricware   . 縫いぐるみ
. 도기제품   . Ceramicware   . 陶器製品
. 문구류   . Stationery   . 文房具類
. 악세사리   . Accessories   . アクセサリ

Products

Material : Cotton

부록 I • "두기"의 캐릭터 컨셉과 메뉴얼 ∴ 207

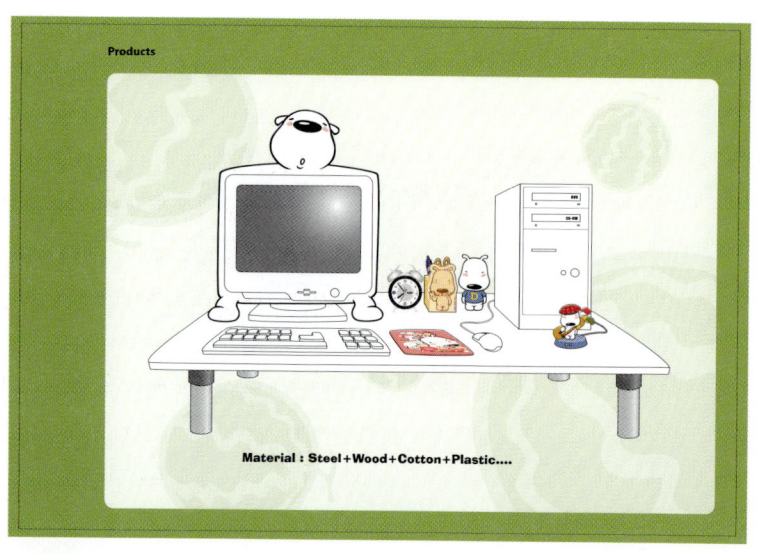

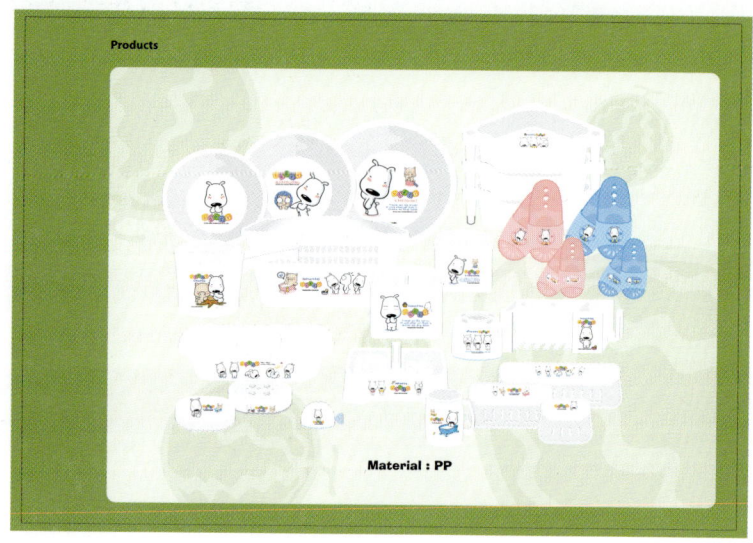

부록 II

각종 계약서와 양식

비즈니스에 있어 모든 대외적인 이해관계는 계약이란 형식으로 출발하는 것이 일반적이며, 점점 계약서의 중요성이 높아 질 것이다. 그러나 실무를 추진함에 있어 해당 계약의 권리와 의무를 충분히 이해하고 이해관계를 '구속력 있는' 글로써 표시하여 본래의 목표를 달성하기 위해서는 상당한 실무적 지식을 필요로 한다. 아울러 상대가 요구하는 계약의 권리와 의무사항을 분석하고 조율할 수 있는 안목을 세우는 것도 중요하다. 동일한 제목의 계약서라도 기업환경에 따라, 이해관계의 정도에 따라 달라져야 하고 어떤 분야의 업무든 업무의 효율화를 위해서 양식화할 필요성도 있을 것이다.

이 책을 읽는 캐릭터업계의 실무자에게 도움이 되고자 하는 취지에서 저자가 확립하여 활용하는 각종 계약서와 양식을 첨부하였다. 이것이 참조가 되어 자신의 사업에 적합한 계약서와 양식을 작성함으로써 더욱 효율적인 성과가 도출되길 바란다.

캐릭터 사업관련 각종 계약서

- 캐릭터 상품화권 사용허가 계약서
- 캐릭터 라이센싱 에이전트 계약서(국내)
- 캐릭터 라이센싱 에이전트 계약서(영문)
- 캐릭터상품 거래계약서
- 업무제휴를 위한 양해각서
- 디자인 용역 계약서
- 캐릭터상품 임가공 계약서

캐릭터 사업관련 각종서식

- 디자인승인 신청서
- 로얄티레포팅 양식(월간,분기간)
- 증지 신청서
- 캐릭터 라이센싱 견적서
- 캐릭터 창작공모전 심사기준표(1,2)
- 캐릭터상품 발주서
- 캐릭터상품 원가계산서
- 캐릭터상품 출고 명세표
- 캐릭터상품 종합카타로그 예시
- 캐릭터상품 상세 카타로그 예시

캐릭터 라이센싱 계약서

캐릭터 상품화권 사용허가 계약서

'갑'(라이센서)은 본 저작물에 포함된 캐릭터의 저작권 또는 그에 근거한 상품화권을 허가하는 권리, 캐릭터, 명칭, 형태, 그에 부가되어 취득한 상품력 및 영업상 신용에 관한 일체의 소유자이다.
'을'(라이센시)은 자신이 제조 판매할 상품에 본 캐릭터 및 그 명칭을 사용해서 그 상품의 판매촉진을 희망하는 자이다.

본 계약은 라이센서 주식회사 _____ 을 '갑'이라 칭하고, 라이센시인 를 '을'이라 칭하며 '갑'이 보유하고 있는 저작물 중의 명칭 및 아트웍을 '을'의 상품에 사용하는 상품화권의 허가와 관련하여 다음과 같은 내용으로 계약을 체결한다.

제1조 (계약목적)
본 계약은 '갑'이 저작권을 관리하고 있는 '본 저작물'에 대하여 '을'이 '본 저작물'의 캐릭터 및 그 명칭과 상표 등을 사용한 상품을 생산, 유통, 판매할 수 있도록 그 권리를 '을'에게 허가함에 있어 향후 분쟁의 소지가 없도록 '갑'과 '을' 간의 권리 및 의무 관계를 명확히 하는 것을 목적으로 한다.

제2조 (상품화 권의 허가)
1) '갑'은 '을'에게 계약기간 중, 갑의 캐릭터 및 그 명칭과 상표 등(이하 '캐릭터'라 한다)을 복제 또는 기타의 방법으로 사용해서 이 계약에서 지정한 상품(이하 '지정상품'이라 한다)
   을 제조 및 판매할 권리를 허가한다.

2) '지정상품' 이란 갑이 캐릭터의 상품화권을 허가할 목적으로 설정한 상품분류에 의해 '갑', '을' 양측이 합의한 종류의 상품을 지칭하며, 본 계약에서 지정한 상품은 _____으로 한다.
 단, _____
3) '을' 은 사전에 갑의 서면동의 없이 지정상품의 상품화권에 대해 제3자에게 양도 또는 재허가나 제3자를 위한 담보로 제공해서는 안 된다.

제3조 (지역)
'갑' 이 본 계약에 근거하여 '을' 에게 허가한 권리는 대한민국으로 제한하나, '갑' 과 사전에 협의된 해외시장에서의 권리를 인정한다.

제4조 (비 독점권)
'갑' 과 '을' 사이에 이루어 지는 모든 제품에 대한 계약 사항은 비독점으로 이루어지나, 서로의 권리 및 의무를 최대한 존중하여 모든 사항을 협의 하도록 한다.

제5조 (계약기간)
1) 본 계약은 각 계약 당사자가 서명한 계약일로부터 효력이 발생하며, 계약기간은 200 . .   일부터 200 . .   일까지로 한다.
2) 각 계약 당사자는 전항에 의한 계약 만료일로부터 2개월 전에 합의하여 재계약 등에 대하여 결정하기로 하며 그 방법은 계약종료 후 재계약으로 한다.

제6조 (사 용 료)
1) '갑' 이 '을' 에게 부여한 상품화의 대가로 '을' 은 매출액의 ___%(VAT별도)의 로열티를 '갑' 에게 지불한다.

2) '을'은 갑에게 본 계약의 최저보증금에 해당하는 미니멈 개런티 _____원(_____/vat별도)을 계약체결 후에 제7조 지급방법에 의해 지급한다.

3) '을'이 지급해야 하는 로열티의 산출기준은 계약기간중 판매금액에 로열티율을 곱하여 산출한다.

4) '을'이 위 조항에 근거 '갑'에게 선납하는 미니멈 개런티는 본 계약에 별도로 정하지 않는 한 '을'은 어떠한 이유로도 '갑'에게 반환을 청구할 수 없다.

5) '을'은 계약종료시 잔여상품에 대하여 제19조의 허용된 기간내 판매가 가능하나, 계약종료와 동시에 정해진 로열티율로 로열티를 일괄계산 지급하여야 한다.

6) '갑'은 지급기일로부터 미지급되어 있는 로열티(러닝로열티포함)에 대하여 이자를 부과할 수 있다. 본계약상의 로열티 지급액에 대한 이자는 15%의 이자율로 은행의 기준이자율을 합산하여 매일매일 산정되며, 미지급된 로열티의 지급기일로부터 로열티가 '갑'에게 실제로 완납되는 날까지 산정, 지급되어야 한다. 상기의 이자는 본 계약의 만료에도 불구하고 지급되어야 한다.

제7조 (지급방법)

1) '을'은 다음 지급조건에 따라 본 계약 제6조의 계약금액을 '갑'의 입금계좌에 지급한다.

  가) 미니멈 개런티는 본 계약 체결 후 7일 이내에 현금으로 '갑'의 지정계좌에 입금한다.

  나) 런닝로열티는 허가상품의 판매금액에 대한 로열티가 미니멈개런티를 초과한 시점부터 매월별로 정산하여, 15일 이내에 '갑'의 지정계좌에 현금으로 입금한다.

  지정계좌 : _____

제8조 (상품의 출시)

'을' 은 '허가품목' 에 대하여 본 계약 체결 후 3개월 이내에 '허가상품' 을 개발하여 시판하여야 한다. 만일, '을' 이 3개월 이내에 '허가상품' 을 개발, 시판하지 않았을 경우에 '갑' 은 미개발 품목에 대한 계약을 철회할 수 있다. 단, '을' 이 기 지급한 계약금은 반환하지 않는다.(단, '갑' '을' 상호간 협의에 의해 상품개발이 지연되는 경우에는 본 조항을 적용치 아니한다)

제9조 (판매보고서, 증지부착, 장부열람)

1) '을' 은 '갑' 이 정하는 양식에 따라 상품의 판매 개시 월로부터 매월별로 상품의 제조 및 판매수량과 금액을 정확히 기재한 판매자료에 '을' 의 회사인감으로 사실임을 확인한 매출 자료를 월마감 익월 15일 이내에 '갑' 에게 제출하여야 한다.
2) 해당월에 판매실적이 없더라고 '을' 은 상기의 판매보고서를 제출하여야 할 의무를 갖는다.
3) '을' 은 본 계약에 근거하여, 지정상품에 관한 장부와 전표 등 관련자료의 열람을 요청할 경우 필요한 모든 자료를 제시하고 열람에 응한다.
4) '을' 은 '갑' 과의 계약 관계에 있어서 증지부착 누락 및 정산자료의 허위 작성, '갑' 의 승인 없는 제품개발,덤핑행위 등의 사유가 발생시, 계약해지의 사유가 된다.
5) '을' 이 생산하는 모든 제품에는 '갑' 이 공급하는 증지를 반드시 부착하여 출시 하여야 한다. 단, '갑'의 사전승인을 득한 경우 소비자가 천원 미만의 상품에는 증지의 부착을 생략 할 수 있다.
6) '갑' 은 증지를 실비(장당 __ 원)로 '을' 에게 제공해야 하며(부가세별도) '갑' 은 '을' 의 지급이 확인된 후 '을' 이 요청한 수량만큼의 증지를 제공한다.
7) 계약종료후 잔여증지는 계약종료후 10일 이내에 무상으로 '갑' 에게 반납한다.

제10조 (품질관리)

1) '을'은 '갑'이 공급하는 또는 '을'이 제작해서 '갑'이 승인한 캐릭터의 원화 및 원고에 근거 해서 지정상품을 제조해야 한다. '갑' 또는 '을'이 캐릭터의 원화 및 원고를 제작하는 비용은 '을'이 부담하기로 한다.
2) '을'은 본 계약에 근거해서 제조하는 지정상품의 견본을 라벨, 포장, 용기 등과 함께 '갑'에게 제출하여 그 감수 및 승인을 받지 않고서는 지정상품을 제조 또는 판매할 수 없다.
   '갑'은 '을'이 제출한 지정상품의 견본을 감수하고 규정된 범위에서 '을'의 비용부담으로 그 수정을 명할 수 있다.
3) '을'은 전항에서 지정한 승인을 받은 후, 제조한 지정상품(완성품 2개씩/디자인)을 판매 개시하기 전까지 '갑'에게 제출해야 한다. (단, 본 계약의 대상품이 고가인 경우는 완성품1개)
4) '을'이 사용하는 캐릭터의 원화 및 원고의 저작권은 저작권법에 정한 권리를 포함 모두 '갑'에게 귀속된다.
5) '을'은 캐릭터의 원화 및 원고(매뉴얼북 및 데이터CD 포함 실비제공)를 사용한 후, 계약해지 혹은 계약종료 7일 전에 '갑'에게서 교부 받은 자료와 함께 제품제작 원고 (혹은 제작필름)를 전량 '갑'에게 반환해야 한다.
6) '을'은 본 계약에 따라 형태 및 색채를 포함해 회사가 사전에 승인한 이외의 방법으로 지정상품에 계약캐릭터를 사용하지 않을 것을 동의한다. '을'은 사용방법을 변경하지 않고, 또한 계약캐릭터에 다른 어떠한 문자, 명칭, 표장, 또는 기타표시도 결합하지 않는다.
7) '을'은 '갑'의 회사에 관한 평판이나 영업권을 위태롭게 하는 품질 불량 지정상품에 계약 캐릭터를 붙여 판매하지 않는다.

제11조 (판매촉진)

1) '갑'은 '을'이 본 계약에 근거해서 제조, 판매하는 지정상품을 위한 판촉물 제작에 캐릭터를 사용하려 할 경우 '갑'과 협의 하에 다른 라이센시와

의 품목관계를 검토 후 진행한다.
2) '을'은 캐릭터를 이용하여 본 계약서에서 정한 지정상품과 관련된 광고물을 제작할 경우 '을'은 '갑'과 캐릭터 비주얼 사용에 대하여 사전 감수 및 승인을 득한 후 진행하여야 한다.
3) '을'은 이 계약의 별지에 근거해서 제조 판매하는 지정상품을 일반 소비자 판매용이 아닌 판매촉진을 위한 경품이나 판촉물 제작의뢰가 있을 경우 '갑'에게 이를 통보하여 승인을 득한 후 진행해야 한다.
4) '을'은 필요시 본 계약서에서 정한 지정상품을 판촉용이나 경품 혹은 기획상품으로 사용 하기 위한 '갑'의 요청이 있을 경우 '갑'이나 '갑'이 정한 업체에 공급하여 상호 이익이 될 수 있도록 최대한 협조한다.

제12조 (저작권의 표시 및 출처의 표시)

1) '을'은 본 계약에 근거해서 제조 판매하는 지정상품 및 판매촉진 자료에 본 계약의 별지 첨부 양식에서 밝힌 저작권 표시를 '갑'이 지정하는 방법에 의해서 첨부해야 한다.
2) '을'은 본 계약에 근거해서 제조, 판매하는 지정상품 및 판매촉진 자료에는, 사전에 '갑'의 승인을 얻은 방법에 의해서 '을'의 제조판매에 대한 취지의 출처를 표시해야 한다.
3) '을'의 상품에는 '갑'으로부터 제공 받은 허가증지 및 이에 상응하는 부착물을 첨부해야 한다. 이는 허락기간 내에 지정상품의 수량을 관리하기 위함이다.
4) 본 계약의 규정에 대해, 갑의 재산에 관한 소유권, 혹은 이익의 양도를 을에게 부여하는 것으로 해석해서는 안된다.

제13조 (지정상품의 제조 및 판매)

1) '을'은 디자인 감수진도 확인표에 의해 원작가의 동의 하에 지정상품의 제조를 개시하도록 한다.

2) '을'은 '갑'으로부터 별도의 동의를 득하지 않는 한, 본 계약 체결 일로부터 3개월 이내에 지정상품의 디자인과 본 제품의 제조를 개시해야 한다.
3) '을'은 본 계약에 근거해서 제조하는 지정상품의 판매 및 선전에 있어서 캐릭터의 변경 등에 의해서 그 동일성 및 상품력과 영업상의 신용을 손상시키지 않도록 주의하고 이를 위해서 '갑'이 정한 규정을 존중해야 한다.

제14조 (상표 및 의장 등록)
1) '을'은 '갑'의 서명에 의한 동의를 얻지 않고는 '본 저작물'의 캐릭터 또는 본 계약에 근거 하여 제조하는 '지정상품'에 대해서 상표 또는 의장등록을 출원하거나 '본 저작물'의 캐릭터를 상표, 서비스 마크 및 기타 표지(標紙)로서 사용해서는 안 된다.
2) '을'은 캐릭터 또는 본 계약에 근거해서 제조하는 지정상품에 대해서 상표 또는 의장등록을 받고 싶을 때에는 '갑'과 협의 할 수가 있다. '을'의 제안이 적절할 경우 '갑'의 명의로 '을'의 비용 부담으로서 상표 또는 의장등록을 출원하고, 이 계약의 존속기간 중에 '을'에게 그 상표 또는 의장사용을 허가 할 수 있다.

제15조 (제3자에 의한 권리 침해)
1) '을'은 '갑'의 저작권을 침해하거나 기타 다른 방법으로 본 계약에 근거한 상품화 사업에 대해서 부정경쟁을 하는 자 또는 하고자 하는 자를 발견했을 때에는, 즉시 이를 '갑'에게 통지하고, '갑'의 지시에 따라 증거물 및 증거 현장의 제공 등 필요한 제반 협력을 다하여야 한다.
2) '갑'은 '을'로부터 전항의 통지를 받은 경우 해당 제3자의 행위에 대해 '을'과 협력하여 법적 대응 등의 적극적 조치를 취하도록 하여야 한다.

제16조 ('을'에 의한 제3자의 권리 침해)

1) '을'이 본 계약에 근거하여 제조, 판매한 '허가상품'에 대해, 제3자로부터 저작권침해, 상표 침해, 부정경쟁, 부정행위 또는 기타 이유로 손해배상 또는 기타의 청구를 받았을 경우, 이를 즉시 '갑'에게 통지하고 '갑'의 지시 및 협력에 따라서 필요한 조치를 취해야 한다.
2) 전 항에 규정된 제3자의 '을'에 대한 본 계약상의 권리, 의무에 근거하는 것이 아니라 '을'이 제조한 상품의 제조상의 결함에 근거할 경우, '을'은 자신의 책임 하에 이를 처리해야 하며, '갑'은 이와 같은 제3자의 청구에 대해 어떠한 의무도 갖지 않는다.
3) 제1항에서 말하는 제3자의 피허가자에 대한 청구가 캐릭터 자체에 준할 경우에 '갑'은 '을'의 협력을 얻어서 자신의 책임 및 비용부담으로 그 청구를 처리하고 '을'의 계약에 준하는 상품화 사업에 지장을 미치지 않도록 해야 한다.

제17조 (비밀유지 의무)

'갑'과 '을'은 본 계약에 의하여 상대방으로부터 듣거나 우연히 알게 된, 영업상 또는 기술상의 비밀정보, 자료 등에 대해서는 사전에 상대방의 서면에 의한 승낙을 얻은 경우를 제외하고, 본 계약의 기간 내 혹은 종료 후에도 제3자에게 누설해서는 안된다.

제18조 (계약의 해지 및 해제)

1) 어느 한 쪽이 이 계약을 위반하거나 또는 본 계약에 근거한 의무 이행을 지체했을 때, 상대측은 그 당사자에게 위반 또는 이행지체를 서면 통고해야 한다. 그 당사자가 이 통고를 받고 나서 15일 이내에 위반 또는 이행지체를 시정하지 않을 경우에 상대측은 이 계약을 해제 시킬 수가 있다.
2) '을'이 파산, 회사정리, 화의 등의 신청을 하거나 부도 등 지급 불능의 상황에 이른 경우 혹은, 계약 금액의 지급이 7일 이상 지체했을 때에는

'갑'은 본 계약을 해지 할 수 있다.

제19조 (계약종료의 효과)
1) 계약당사자는 계약종료 2개월 전 계약의 종료, 재계약 등에 대해서 협의하기로 한다
2) '을'은 본 계약의 제17조에 의해 계약이 해제 혹은 종료될 경우 '을'에게 부여되었던 권리는 '갑'에게 귀속됨과 동시에 지정상품의 제조, 판매, 촉진등의 행위는 모두 금지된다.
3) '을'은 본 계약의 기간만료 시점에서 생산을 중단하고 60일 동안 본 계약에 준해서 제조했던 지정상품의 판매활동만 계속할 수가 있다.
4) '을'은 본 계약의 기간만료 시점에서 또는 본 계약이 해지 되었을 때에, 본 계약에 준해서 제조한 지정상품의 재고품을 소유하고 있을 경우 그 수량을 서면으로 '갑'에게 통지해서 그 처분에 대해서 '갑'과 협의하여야 한다. (재고 수량은 마지막 정산 실적에 가산, 지불해야 함)

제20조 (분쟁의 해결)
본 계약으로 인해 또는 이 건과 관련, 위반으로 인해 발생하는 권리 및 의무에 관한 분쟁과 소송은 서울민사지방법원을 관할 법원으로 한다.

제21조 (별도 협의)
본 계약서에 규정되지 않은 사항이 발생하는 경우 '갑'과 '을'은 상호 계약 정신에 입각한 협의 및 일반 상 관례에 따라 결정하기로 한다.

본 계약의 체결을 증명하기 위해 본 계약서 2부 및 별지 첨부 양식 2부를 작성하여 '갑'과 '을'이 기명 날인하고 각 1부씩 보관한다.

200 년   월   일

MEMO 사항 ;

1. _____
2. _____
3. _____

갑 :   을 :

_____   _____
Signature   Signature

캐릭터 라이센싱 에이전트 계약서(국내)

캐릭터 라이센싱 에이전트 계약서

'갑'(라이센서)은 본 저작물에 포함된 캐릭터의 저작권 또는 그에 근거한 상품화권을 허가하는 권리, 캐릭터, 명칭, 형태, 그에 부가되어 취득한 상품력 및 영업상 신용에 관한 일체의 소유자이다.

'을'(라이센싱에이전트)은 약정된 지역에서 '갑'을 대신하여 '갑'의 캐릭터를 활용하여 라이센싱사업을 영위하는 자이다.

본 계약은 라이센서 _____ 을 '갑'이라 칭하고 라이센싱 에이전트인 _____ 를 '을'이라 칭하며, '갑'이 보유하고 있는 캐릭터저작물을 _____ 지역에 라이센싱하는 사업과 관련하여 다음과 같은 내용으로 계약을 체결한다.

제1조 (계약목적)
본 계약은 '갑'의 소유인 '캐릭터'에 대하여 '을'이 '갑'을 대신하여 해당 캐릭터 및 그 명칭과 상표 등을 사용한 상품을 생산, 유통, 판매할 수 있도록 그 권리를 '제3자'에게 허가함에 있어 향후 분쟁의 소지가 없도록 '갑'과 '을' 간의 권리 및 의무 관계를 명확히 하는 것을 목적으로 한다.

제2조 (성실의 의무)
'을'은 '갑'의 라이센싱 에이전트 수행을 미국내 독점적으로 수행함에 있어 '갑'이 기회손실을 입지 않도록 최선의 노력을 기울여 성실히 업무를 추진할 의무를 가진다.

제3조 (계약 대상 캐릭터)

1) '갑' 이 자체적으로 개발한 _____ 로 한다.
2) 향후 '갑' 의 여건에 따라 추가적인 캐릭터를 대상으로 할 수 있다.

제4조 (라이센싱권의 허가)

1) '갑' 은 '을' 에게 계약기간 중, 갑의 캐릭터 및 그 명칭과 상표 등(이하 '캐릭터' 라 한다)을 북중미에서 라이센싱하는 권리를 허가한다.
2) 라이센싱 대상업체는 북중미의 제조, 광고, 프로모션, 엔터테인먼트 업체 등으로 한다.
3) '을' 은 사전에 갑의 서면동의 없이 라이센싱권에 대해 제3자에게 양도 또는 재허가나 제3자를 위한 담보로 제공해서는 안 된다.

제5조 (지역)

'갑' 이 본 계약에 근거하여 '을' 에게 허가한 권리는 _____ 로 한다.

제6조 (계약기간)

1) 본 계약은 가 계약 당사자가 서명한 계약일로부터 효력이 발생하며, 계약기간은 200 년 월   일부터 200 년 월   일까지   년간으로 한다.
2) 각 계약 당사자는 전항에 의한 계약 만료일로부터 3개월 전에 합의하여 재계약 등에 대하여 결정하기로 하며 그 방법은 계약종료 후 재계약으로 한다.

제7조 (수익배분)

1) '갑' 이 '을' 에게 부여한 라이센싱권리의 대가로 '을' 은 총수입로얄티의 _____%를 '갑' 에게 지불하며, 잔여 _____%는 에이전트수익으로 한다.

2) '을'은 갑에게 본 계약의 최저보증금에 해당하는 미니멈 개런티는 별도로 지급하지 아니한다.

제8조 (로열티의 지급방법)

1) '을'은 라이센싱계약에 의해 미니멈게런티 혹은 런닝로얄티의 수입이 있을 때 마다 관련근거와 함께 수입의 _____%를 '갑'의 계좌로 송금한다. 이때 관련근거는 라이센시의 보고서에 의한 '을'의 산출근거 등이며, FAX 혹은 메일을 활용해 통보할 수 있다.
2) 향후 로열티수입의 횟수가 빈번할 경우 업무의 효율을 위해 월단위 정산을 할 수 있으나, 매분기단위로 '회사인감으로 사실임을 확인한 레포트'는 반드시 제출하여야 한다.

제9조 (라이센시의 결정 및 계약,관리방법)

1) '을'은 라이센싱계약에 앞서 계약의 주요사항을 '갑'에게통보하고, 협의하여 결정하며, '갑'은 캐릭터의 생명력유지에 치명적이거나 덤핑로얄티라고 판단되지 않는 한 '을'의 결정을 존중한다.
2) '을'과 '라이센시'와의 계약 및 관리방법은 '갑'의 한국내 적용방식에 준하여 행하며, _____ '을'은 '갑'과 협의하여 미국에서 적합하도록 수정, 보완하여 사용할 수 있다. 이를 위해 '갑'은 '표준계약서, 라이센싱관리양식' 등의 자료를 '을'에게 제공한다.

제10조 (품질관리)

1) 캐릭터상품은 그 품질이 뒷받침 되지 않으면 지속적인 캐릭터의 생명력을 보장받지 못하므로 '을'은 라이센스드 상품의 품질관리에 노력해야 하며, 이를 위해 '갑'과 협의된 방식으로 디자인승인 및 완제품승인을 철저히 수행하여야 한다.
2) '을'은 라이센시의 품질관리 및 정확한 레포팅을 위해 라이센스드 상품

에 '위조방지 증지'를 제작하여 붙여야 한다. 단, 사전에 '갑'과 상의하여 허락을 득한 경우는 일정기간동안 '증지' 부착을 유예할 수 있다.

제11조 (완제품승인용 샘플의 수취)
1) '을'은 '라이센시'로부터 완제품승인을 위한 샘플을 2개 이상 수취하여야 하며, 이중 1개는 '갑'에게 전달되어야 한다.
   전달방법은 일정기간 수합하여 송부할 수 있으며, 그 완성품이 특히 고가일 경우나, 부피가 커서 전달하기 곤란할 경우는 예외로 한다.
2) '을'은 완제품승인용 완성품 샘플을 비치하여 마케팅자료 등에 활용하여야 한다.

제12조 (캐릭터의 원화 원고 지급방법)
'갑'이 '을'에게, '을'이 '라이센시'에게 캐릭터의 매뉴얼을 지급하는 방법은 CD형태 혹은 웹하드형태로 무상으로 지급한다.

제13조 (상표 및 의장 등록)
1) '을'은 '을'의 비용으로 미국내 라이센싱사업에 필요하리라 예상되는 '캐릭터저작권' 및 '상표권'을 "갑"의 명의로 본 계약과 함께 등록할 의무를 가진다. 다만, 일시에 드는 비용이 과다하여 '을'의 요청이 있을 경우 필요상표권 순위를 결정하여 순차적으로 등록할 수 있다.
2) '을'은 '라이센시'가 '본 저작물'의 캐릭터 또는 본 계약에 근거하여 제조하는 '지정상품에 대해서 상표 또는 의장등록을 출원하거나' 본 저작물'의 캐릭터를 상표, 서비스 마크 및 기타 표지(標紙)로서 사용하지 않도록 관리하여야 한다.

제14조 (비밀유지 의무)
'갑'과 '을'은 본 계약에 의하여 상대방으로부터 듣거나 우연히 알게 된,

영업상 또는 기술상의 비밀정보, 자료 등에 대해서는 사전에 상대방의 서면에 의한 승낙을 얻은 경우를 제외하고, 본 계약의 기간 내 혹은 종료 후에도 제3자에게 누설해서는 안된다.

제15조 (계약의 해지 및 해제)

1) 어느 한 쪽이 이 계약을 위반하거나 또는 본 계약에 근거한 의무 이행을 지체했을 때, 상대측은 그 당사자에게 위반 또는 이행지체를 서면 통고해야 한다.
그 당사자가 이 통고를 받고 나서 20일 이내에 위반 또는 이행지체를 시정하지 않을 경우 에 상대측은 이 계약을 해제 시킬 수 가 있다.
2) '을'이 파산, 회사정리, 화의 등의 신청을 하거나 부도 등 지급 불능의 상황에 이른 경우 혹은, 계약 금액의 지급이 20일 이상 지체했을 때에는 '갑'은 본 계약을 해지 할 수 있다.

제16조 (분쟁의 해결)

본 계약으로 인해 또는 이 건과 관련, 위반으로 인해 발생하는 권리 및 의무에 관한 분쟁과 소송은 서울민사지방법원을 관할 법원으로 한다.

제17조 (별도 협의)

본 계약서에 규정되지 않은 사항이 발생하는 경우 '갑' 과 '을'은 상호 계약 정신에 입각한 협의 및 일반 상 관례에 따라 결정하기로 한다.

본 계약은 총 4페이지로 구성되었으며 각 페이지마다 서명 또는 날인을 한다.

본 계약의 체결을 증명하기 위해 본 계약서 2부 및 별지 첨부 양식 2부를 작성하여 '갑' 과 '을' 이 기명 날인하고 각 1부씩 보관한다.

본 계약 이후의 합의된 사항은 문서로 남기고 본 계약보다 우선한다.

200 년 월 일

갑 :   을 :

_____   _____
Signature   Signature

캐릭터 라이센싱 에이전트 계약서(영문)

Character Licensing Agent Agreeme

A (Licensor) is the owner of all rights relation to the properties, characters, trademarks, names, titles, shapes, licensed products and a trade credit.

B (Licensing agent) is the administrative of licensing business by making practical application of A's characters in place of A in designated area.

'A' (라이센서)은 본 저작물에 포함된 캐릭터의 저작권 또는 그에 근거한 상품화권을 허가하는 권리, 캐릭터, 명칭, 형태, 그에 부가되어 취득한 상품력 및 영업상 신용에 관한 일체의 소유자이다.

'B' (라이센싱에이전트)은 약정된 지역에서 'A'을 대신하여 'A'의 캐릭터를 활용하여 라이센싱사업을 영위하는 자이다.

This agreement is entered into effect as of January 1st, 2006, by and between _____, 'A' and Licensing Agent, 'B' related to licensing business of A's properties in the area of _____ as follows.

본 계약은 라이센서 _____을 'A'이라 칭하고 라이센싱 에이전트인 _____를 'B'이라 칭하며, 'A'가 보유하고 있는 캐릭터저작물을 _____지역에 라이센싱하는 사업과 관련하여 다음과 같은 내용으로 계약을 체결한다.

Article 1 - Purpose of contract
제1조 (계약목적)

This agreement is to clarify the relation of the right and the obligation between A and B so that there is hereafter no dispute in B's permission of the right to the third party to produce, distribute and sale the applied characters and products used its name and trade mark in place of A for the property of A, 'character'.

본 계약은 'A'의 소유인 '캐릭터'에 대하여 'B'가 'A'를 대신하여 해당 캐릭터 및 그 명칭과 상표 등을 사용한 상품을 생산, 유통, 판매할 수 있도록 그 권리를 '제3자'에게 허가함에 있어 향후 분쟁의 소지가 없도록 'A'와 'B'간의 권리 및 의무 관계를 명확히 하는 것을 목적으로 한다.

Article 2 Obligation of sincerity
제2조 (성실의 의무)

1) B agrees and undertakes to diligently and conscientiously use all reasonable efforts to promote and expand the A's property as a licensing agent of A so as not to lose opportunity

    'B'는 'A'의 라이센싱 에이전트 역할을 수행함에 있어 '갑'이 기회손실을 입지 않도록 최선의 노력을 기울여 성실히 업무를 추진할 의무를 가진다.

Article 3 Objective characters to contract
제3조 (계약 대상 캐릭터)

1) '_____' developed by A itself. 'A'가 자체적으로 개발한 "_____ 캐릭터"로 한다.

2) Hereafter, A's additional characters are available with the consent of both parties. 향후 'A'와 'B'의 협의에 의해 'A'의 추가적인 캐릭터를 대상으로 할 수 있다.

Article 4 Permission of licensing
제4조 (라이센싱권의 허가)

1) A permit B to have a right to license A's characters and its name

and trademark, etc(henceforth, said 'character') in _____ during the term of agreement.

'A'는 'B'에게 계약기간 중, 갑의 캐릭터 및 그 명칭과 상표 등(이하 '캐릭터'라 한다)을 _____에서 라이센싱하는 권리를 허가한다.

2) The object companies to license are manufacturing, advertising and entertainment companies in _____, etc.

라이센싱 대상업체는 _____지역의 제조, 광고, 프로모션, 엔터테인먼트 업체 등으로 한다.

3) B shall not assign the right of license to the third party or re-permit or offer as a security for the third party without the prior written consent of A.

'B'는 사전에 갑의 서면동의 없이 라이센싱권에 대해 제3자에게 양도 또는 재허가나 제3자를 위한 담보로 제공해서는 안 된다.

4) B shall make a contract with the third licensee or the sub-agent to the name of A on the basis of this agreement and send 3 copies of the contract to A and then, A will send 2
copies to B after verifying and signing.

"B"와 제3의 라이센시와계약에 필요한 계약서는 본 계약에 근거하여 "A'의 명의로 계약되어야 하며, 계약서3부를 작성하여 각각 서명날인하여 "A"에게 송부하면 "A"는 2부를 "B"에게 송부한다.

5) On condition that A doesn't receive MG(Minimum Guarantee) from B, until B make a contract with the first licensee, A hereby grants to B, during the term of this agreement, the non-exclusive right to commercialize or license of the property to the third party licensees.

After that, grants the exclusive right.

5) "A"는 "B"로부터 최소보증금인 MG를 받지 않는 조건으로 "B"가 최초의 라이센싱계약이 이루어 질 때까지는 비독점적으로 수행한다.

그 이후에는 독점적으로 수행한다.

Article 5   The Area of Application
제5조 (지역)

The right that A permitted B based on this agreement is restricted within ___(국명).

'A'가 본 계약에 근거하여 'B'에게 허가한 권리는 _____으로 한다.

Article 6   Term of the agreement
제6조 (계약기간)

1) This agreement is effective on the date both parties signed and the term of the agreement is for ___ calendar years from _____ to _____.
   본 계약은 각 계약 당사자가 서명한 계약일로부터 효력이 발생하며, 계약기간은 _____부터 _____까지 ____년간으로 한다.

2) Each party shall make a decision of renewal of the contract or something at the mutual consent before 3 month from the date of termination of this agreement as stated above.
   각 계약 당사자는 전항에 의한 계약 만료일로부터 3개월 전에 합의하여 재계약 등에 대하여 결정하기로 하며 그 방법은 계약종료 후 재계약으로 한다.

Article 7 - Profit sharing
제7조 (수익배분)

1) B shall make a remittance a ___% of a total income of royalty to A and as a remuneration for B's licensing service, B gets a ___% of it.
   'A'가 'B'에게 부여한 라이센싱권리의 대가로 'B'는 총수입로얄티의 ___%를 '갑'에게 지불하며, 잔여 ___%는 에이전트수익으로 한다.

2) B shall pay A MG(Minimum Guarantee of this agreement/US$_____).

'B'는 'A'에게 본 계약의 최저보증금에 해당하는 미니멈 개런티 US$_____를 지불한다.

Article 8 - Payment of royalty
제8조 (로열티의 지급방법)

1) B shall make a remittance a ___% of a total income to A's account with a calculation report each time of occurrence of income like MG or running royalty. At this time, B's calculation is based on the report or other documents of licensee, B shall notice A by E-mail or fax.

'B'는 라이센싱계약에 의해 미니멈게런티 혹은 런닝로얄티의 수입이 있을 때 마다 관련근거와 함께 총수입의 ___%를 'A'의 계좌로 송금한다. 이때 관련근거는 라이센시의 보고서에 의한 'B'의 산출근거 등이며, FAX 혹은 메일을 활용해 통보할 수 있다.

2) A's account number is _____ Kookmin Bank

'A'의 계좌는 국민은행 _____

3) In the event of frequent income of royalty, to improve the efficiency, B can settle accounts monthly, however, B shall submit the report verified by B's legal seal to A.

향후 로열티수입의 횟수가 빈번할 경우 업무의 효율을 위해 월단위 정산을 할 수 있으나, 매분기단위로 '회사인감으로 사실임을 확인한 레포트'는 반드시 제출하여야 한다.

Article 9 Decision of licensee and agreement, management
제9조 (라이센시의 결정 및 계약,관리방법)

1) B shall inform A of an essential particular and make a decision by consulting with A before making a contract and A shall

respect B's decision as far as it is not fatal to maintain vitality of character or esteemed a dumping level of royalty.

'B'는 라이센싱계약에 앞서 계약의 주요사항을 'A'에게 통보하고, 협의하여 결정하며, 'A'는 캐릭터의 생명력유지에 치명적이거나 덤핑로얄티라고 판단되지 않는 한 'B'의 결정을 존중한다.

2) Contracting and managing methods between B and licensee pursuant to the applied rules in Korea, and B can change and supplement it suitable for use in _____.

For this, A shall provide B with the standard agreement, the form of licensing management, etc.

'B'와 '라이센시'와의 계약 및 관리방법은 'A'의 한국내 적용방식에 준하여 행하며, 'B'는 'A'과 협의하여 _____지역에서 적합하도록 수정, 보완하여 사용할 수 있다.

이를 위해 'A'는 '표준계약서, 라이센싱관리양식' 등의 자료를 'B'에게 제공한다.

3) In the event of making a contract with licensee, B shall submit a draft contract to A for approval, modification, complement and while B send A 3 copies of contract that B and licensee sign and seal after drawing up, A send B 2 copies of A's final sealed contract again.

라이센시와의 계약서의 경우 초안을 'A'에게 통보하여 수정 혹은 승인을 받아야 하며, 계약서 3부를 작성하여 라이센시와 'B'의 서명날인을 하여 'A'에게 송부하면 '갑'은 최종날인하여 2부를 'B'에게 재송부 한다.

Article 10 - Approval of design
제10조 (디자인 승인)

1) B shall get an approval of A for design of the goods to be licensed after distinguishing between tentative and finished one, A shall approve or execute a demand for amendment within 10 days after request for approval

라이센스드상품의 디자인 승인은 시안과 완제품 승인을 구분하여 'A'의 승인을 받아야 하며 'A'는 승인요구후 10일이내에 승인 또는 수정요구를 수행한다.

2) When B send design approval to A's designated mail or webhard, A inform B of amendment or send B approval by scanning.

디자인 승인서를 'A'의 지정된 메일 또는 웹?로 송부하면 'A'는 수정사항을 통보하거나 승인된 내용을 스캐닝하여 'B'에게 송부한다.

3) All design should be clearly indicated the copyrights (marked C)

모든 디자인에는 카피라이트(C마크)가 반드시 명시되어야 한다.

Article 11 - Quality control
제11조 (품질관리)

1) If the quality of the products of character is bad, it is hard to ensure the continuous vitality of the character and so B shall make an effort to control quality of licensed products and for this, B shall implement the strict approval of design and finished products with the consent of A.

캐릭터상품은 그 품질이 뒷받침 되지 않으면 지속적인 캐릭터의 생명력을 보장받지 못하므로 'B'는 라이센스드 상품의 품질관리에 노력해야 하며, 이를 위해 'A'과 협의된 방식으로 디자인승인 및 완제품승인을 철저히 수행하여야 한다.

2) B shall attach a certificate stamp for forgery prevention to the licensed products for accurate recording and quality control of licensee.

In the event of acquisition of prior consent of A, B can postpone attaching a certificate stamp during some period of time.

'B'는 라이센시의 품질관리 및 정확한 레포팅을 위해 라이센스드상품에 '위조방지 증지'를 제작하여 붙여야 한다. 단, 사전에 'A'와 상의하여 허락을 득한 경우는 일정 기간동안 '증지' 부착을 유예할 수 있다.

3) B shall produce certificate stamps with B's own expenses and manage them.

증지는 'B'가 'B'의 비용으로 제작 관리한다.

Article 12 Delivery of finished samples for approval
제12조 (완제품승인용 샘플의 수취)

1) B shall receive more than 2 samples from 'Licensee' for approval of finished product and one of this 2 samples shall be delivered to A.

B can also deliver to A putting it together at a time and when that finished product is particularly expensive or too big to be delivered, B shall send its picture to A instead of the finished produc

'B'는 '라이센시'로부터 완제품승인을 위한 샘플을 2개 이상 수취하여야 하며, 이중 1개는 'A'에게 전달되어야 한다.

전달방법은 일정기간 수합하여 송부할 수 있으며, 그 완성품이 특히 고가일 경우나, 부피가 커서 전달하기 곤란할 경우는 예외로 한다.

2) B shall stock with samples for approval of finished product and make use of them for marketing activity.

'B'는 완제품승인용 완성품 샘플을 비치하여 마케팅자료 등에 활용하여야 한다.

Article 13 How to get the artwork of character
제13조 (캐릭터의 원화 원고 지급방법)

1) A shall give B the artwork of character for free of charge by means of CD or webhard.

'A'가 'B'에게, 'B'가 '라이센시'에게 캐릭터의 매뉴얼을 지급하는 방법은 CD형태 혹은 웹하드형태로 무상으로 지급한다.

Article 14 - Registration of trademak
제14조 (상표 및 의장 등록)

1) B has the right and obligation to register the essential A's characters, trademarks, trade names and copyright under the name of A for licensing business in __(국가) within the scope of this agreement. All expenses for registration above will be covered by B.

    In the event of B's request because its fee is too expensive to register them together at a time, A shall permit B to register in order of priority

    'B'는 'B'의 비용으로 _____지역내 라이센싱사업에 필요하리라 예상되는 '캐릭터 저작권' 및 '상표권'을 "A"의 명의로 본 계약과 함께 등록할 의무를 가진다.

    다만, 일시에 드는 비용이 과다하여 'B'의 요청이 있을 경우 필요상표권 순위를 결정하여 순차적으로 등록할 수 있다.

2) B shall control licensee not to abuse rights as trade marks, service marks and other certificates to the designated products on the basis of the character of this properties or this agreeme

    'B'는 '라이센시'가 '본 저작물'의 캐릭터 또는 본 계약에 근거하여 제조하는 '지정상품'에 대해서 상표 또는 의장등록을 출원하거나 '본 저작물'의 캐릭터를 상표, 서비스 마크 및 기타 표지(標紙)로서 사용하지 않도록 관리하여야 한다.

Article 15 - Promotion
제15조 (홍보)

1) B shall make and administer the promotional website of A's characters in _____.

1) 'B'는 _____지역에서의 원활한 라이센싱이 될 수 있도록 웹사이트를 제작관리하여야 한다.

2) While making a contract between both parties, A can provide B with some give aways and samples for promotion free of charge but, shipping charge is covered by B.

계약시 'A'는 'B'에게 최소한의 마케팅에 필요한 상품을 마케팅 셈플로 제공하거나 협의된 판촉품을 무상으로 제공할 수있다. 단, 운송비는 '을'이 부담한다.

Article 16   Obligation of security
제16조 (비밀유지 의무)

Each party shall treat the information they have learned about the business practices or   other activities, confidential andeach party shall not disclose it to the third parties within the term of this agreement nor after termination, except with the prior written consent of each party and unless required by law or unless such information is or becomes part of the public domain through no fault of the party to whom this non-disclosure provision applies

'A'와 'B'는 본 계약에 의하여 상대방으로부터 듣거나 우연히 알게 된, 영업상 또는 기술 상의 비밀정보, 자료 등에 대해서는 사전에 상대방의 서면에 의한 승낙을 얻은 경우를 제외하고, 본 계약의 기간 내 혹은 종료 후에도 제3자에게 누설해서는 안된다.

Article 17   Termination of the agreement
제17조 (계약의 해지 및 해제)

Either party may immediately terminate this agreement at any time upon written notice by fax in the event that the other party fails to perform of breaches any obligation, warranty, duty or responsibility to the other and c

The parties specifically agree that misuse of the other party's intellectual property or a dealer's failure to pay an outstanding invoice is grounds for immediate termination of this Agreemen

어느 한 쪽이 이 계약을 위반하거나 또는 본 계약에 근거한 의무 이행을 지체했을 때, 상대측은 그 당사자에게 위반 또는 이행지체를 서면 통고해야 한다. 그 당사자가 이 통고를 받고 나서 20일 이내에 이행지체를 시정하지 않을 경우에 상대측은 이 계약을 해제 시킬 수 가 있다.

'B'가 파산, 회사정리, 화의 등의 신청을 하거나 부도 등 지급 불능의 상황에 이른 경우 혹은, 계약 금액의 지급이 20일 이상 지체했을 때에는 'A'는 본 계약을 해지 할 수 있다.

Article 18 Arbitration
제18조 (분쟁의 해결)

All disputes, controversies, or differences which may arise between the parties out of or in relation to or in connection with this contract of, for the breach thereof, shall be finally settled by arbitration in Seoul, Korea in accordance with the Commercial Arbitration Rules of the Korea Commercial Arbitration Board and under the Laws of Korea. The award rendered by arbitrator(s) shall be final and binding upon both parties concerned.

본 계약으로 인해 또는 이 건과 관련, 위반으로 인해 발생하는 권리 및 의무에 관한 분쟁과 소송은 대한민국의 법에 따르며 서울지방법원을 관할 법원으로 한다.

Article 19 - Severability
제19조 (별도 협의)

In the event of occurrence of non-provided matters in this agreement, A and B make a decision in accordance with the conference based on the spirit of mutual agreement and the commercial convention.

본 계약서에 규정되지 않은 사항이 발생하는 경우 'A'와 'B'는 상호 계약 정신에 입각한 협의 및 일반 상관례에 따라 결정하기로 한다.

This agreement is consisted of total __ pages and in each page

subject to signing or sealing
본 계약은 총 __페이지로 구성되었으며 각 페이지마다 서명 또는 날인을 한다.

In witness whereof conclusion of this agreement, the parties hereto shall make 2 copies the parties hereto have authorized this Agreement to be executed bytheir respective duly authorized officers.
본 계약의 체결을 증명하기 위해 본 계약서 2부 및 별지 첨부 양식 2부를 작성하여 'A' 와 'B' 가 기명 날인하고 각 1부씩 보관한다.

The matters with mutual consent afterward this agreement shall be put in writing and supersede this agreement.
본 계약 이후의 합의된 사항은 문서로 남기고 본 계약보다 우선한다.

200 년 월 일

A : _____.
     Signature

B : _____.
     Signature

캐릭터상품 거래계약서

캐릭터 상품 거래 계약서

上記 '甲'과 '乙'은 다음과 같이 거래계약을 체결하고 이행한다.

제1조 계약의 목적
本 계약은 상품공급자인 '甲'과, 甲의 상품을 공급받는 乙과의 상품거래계약으로서, 甲과 乙은 계약제반사항을 신의와 성실로써 준수하여 공동의 번영과 발전을 추구함을 목적으로 한다.

제2조 영업지역
乙의 영업지역 혹은 유통처는 甲과 협의된 지역으로 한다.

제3조 공급하는 商品의 種類
乙이 취급할 수 있는 상품의 종류는 甲 또는 甲의 협력사(라이센시)가 생산하는 상품중 乙의 유통에 적합한 상품으로 상호협의하여 결정한다.

제4조 商品의 價格
甲이 乙에게 공급하는 상품의 供給價格은 甲이 決定하고, 乙이 實수요자에게 판매하는 상품의 가격은 甲이 권장하는 소비자가격의 범위내에서 乙이 결정한다.
단, 甲의 요청에 의해 他할인점과의 가격격차를 없애야 하는 품목은 甲이 요청하는 單價를 적용하여야 한다.

제5조 상품의 인도 및 인수
1. 甲이 乙에 대한 상품이동장소는 乙의 창고까지이며, 운송비용은 별도로 정함이 없는 한 甲이 부담을 한다.
2. 乙은 상품인수 즉시 수량을 확인하여 갑에게 인수증을 교부하거나 거래명세표에 인수확인을 한다.

제6조 대금의 결재
상품대금의 결재는 월마감 익월 _____ 일에 갑의 계좌로 송금한다.

제7조 담보의 제공 및 채권의 범위
1. 乙은 本 계약의 채결과 동시에 일체의 채무담보를 위하여 甲이 인정하는 담보조건을 충족시켜야 한다.
2. 담보의 내용 :

제8조 반품
甲이 乙에게 공급한 상품중 甲의 귀책사유에 의한 하자품에 대해서는 반품 또는 교환함을 원칙으로 하며, 甲의 귀책사유 이외에는 반품할 수 없다.
이때 하자상품이란 제조 혹은 乙까지 도착하는 과정에서 훼손되거나 오염된 상품을 말하며, 특히, 乙의 취급에 대한 오염상품이나 유통점에서의 디스플레이된 상품 등은 절대 반품의 대상이 될 수 없다.
단, 乙의 경영상애로에 의해 乙이 요청하는 경우 甲의 판단에 의해 정상상품이면서, 런닝상품에 한해 乙의 운송비로 반품을 수용하거나, 甲의 他거래선으로 출고를 유도하여 乙의 경영애로를 해소해 줄 수 있으며, 乙은 상호 효율을 위해 적정재고관리 및 상품품질 관리에 철저를 기해야 된다.

제9조 권리양도 등의 금지
1. 乙은 甲의 사전 서면승인 없이 타인에게 영업을 양도하거나, 판매 혹은

상품보관을 위탁할 수 없다.
2. 상품대금의 지급이 완료되기 전에는 甲이 공급하는 상품에 질권,담보권 등을 설정하지 못한다.
3. 乙이 영업상 사용하는 상호,대표자 성명,영업장소 등의 변경이 있을 경우 甲에게 통보하여야 한다.

제10조 계약기간 및 갱신
본 계약의 존속기간은 체결일로부터 1년간이며, 甲 또는 乙이 계약기간 만료 3개월전에 상대방에게 서면으로 계약해지의 의사표시를 하지 않는 한 이후 1년간 동일한 조건으로 자동갱신된 것으로 한다.

제11조 계약의 해지
乙이 다음 各項에 해당될 경우 또는 해당된다고 甲이 인정할 경우에는 계약기간 만료 이전에도 사전 최고절차 없이 甲은 즉시 계약을 해지할 수 있다.
1. 乙이 압류,가압류,가처분,체납처분,강제집행 또는 경매 등의 공권력의 처분을 받았거나 처분을 당할 우려가 있다고 甲이 인정한 경우
2. 乙이 본 계약에 따른 상품 매매대금의 지급을 지체할 경우
3. 乙이 甲의 거래처로서 부적당하다고 인정될 행위를 하거나, 甲의 자료요청에 응하지 아니하여 더 이상의 계약존속이 어렵다고 판단될 경우
4. 기타 본 계약의 각조항을 위반하거나, 갑의 명예를 훼손한 경우. 특히 이 경우에는 甲이 乙에게 손해배상을 청구할 수 있다.

제12조 기한이익의 상실
본 계약의 제11조 각항이 사유로 계약이 해지된 경우 乙은 본 계약과 이의 부수계약 및 이에 의한 상품의 매매로 인하여 甲에게 부담한 일체의 채무에 대하여 변제기한의 이익이 상실되며, 즉시 채무 전부를 변제하여야 한다.

제13조 해석 및 계약외 사항의 협의

본 계약 각조항 또는 문구해석상 이의가 있을 경우에는 양당사자간 협의로써 해결한다.
또한 본 계약서에 정함이 없는 사항에 대해서는 일반 상관례에 따른다.

제14조 관할법원

본 계약 또는 개별계약과 관련된 분쟁의 관할법원은 서울지방법원으로 정한다.

上記와 같이 甲과 乙間에 본 계약을 체결하며, 이 계약의 성립을 증명하기 위해 계약서 정본 2부를 작성하여 甲과 乙이 이에 기명날인하여 각각 1부씩 보관한다.

200 년 월 일

甲 : _____   乙 : _____
     Signature   Signature

캐릭터상품 거래계약서

업무제휴를 위한 양해각서
(Memorandum Of Understanding For Business Alliance)

주식회사 _____(이하 "갑")과 주식회사 _____(이하 "을")은 "갑"이 제작한 _____에 관해 "을"과 _____캐릭터 사업 및 라이센스 판매에 관한 상호협력을 하기 위하여 다음과 같이 협약한다.

제 1 조 목적
본 협약은 "갑"이 제작한 캐릭터(_____)을 _____시장으로의 캐릭터 사업과 라이센스 판매에 있어서 "갑""을" 상호발전 및 이익이라는 성공적인 사업수행을 기본 목적으로 한다.

제 2 조 사업협력범위
"갑"은 "갑"이 소유한 캐릭터 사업과 라이센스 판매에 있어서 "을"에게 그에 관한 관련사업업체 중 최우선 협력 업체임을 상호확인하며 업무협력범위를 다음과 같이 한다.
1. "갑"의 작품 및 관련캐릭터 사업과 라이센스 판매에 관해 _____시장 진출 및 마케팅, 유통 등의 업무
2. "갑", "을" 상호간의 필요와 요청에 따른 2조 1항에 관련한 제반업무 지원
3. 출판만화 및 관련 2차 저작물의 기획, 제작, 공급 및 유통부문
4. TV 및 극장용 애니메이션 공동제작에 있어서 "을"은 해외파트너 제안 및 선정에 협조할 수 있으며 투자에 직, 간접적으로 참여할 수 있다.
5. 이 협약의 시발 사업으로 "갑"이 소유한 '_____캐릭터'를 "을"이 해외 시장 진출에 관한 최우선 협력업체로서 _____의 해외마케팅, 유통에 관한 전권을 위임 받는다.

6. "갑"은 "을"이 갖고있는 해외업체나 마케팅 네트워크를 직접적으로 연결하여 사업을 추진하지 않으며, "갑"과 "을"은 양 사의 독립적인 위상을 인정하고 신뢰함을 기본전제로 한다.

제 3 조 용어의 정의
위의 제 2 조에서 언급한 용어의 정의는 다음과 같다.
1. '작품'이라 함은 "갑"이 직접 제작하거나, "갑"이 제 3 자로부터 획득, 공급하는 캐릭터를 의미하며 '캐릭터 사업'이라 함은 관련작품의 캐릭터를 사용하여 제작된 모든 유무형의 상품(캐릭터상품)과 캐릭터 라이센스의 사업을 의미한다.
2. '제반업무'란 상대방의 요청에 따라 "갑" 혹은 "을"이 행하는 시장에서의 시장조사, 유통망 구축, 관련업체 소개, 행정지원 등을 의미하며, 이에 따른 비용은 요청한 측이 실비 부담하여야 한다.

제 4 조 비밀유지
법률에 의하여 요구되는 경우를 제외하고 "갑"과 "을"은 본 협약 체결 및 이행으로 취득한 상대방의 업무상 비밀에 대해서 협약기간 종료 이후에도 상대방의 사전동의 없이는 제 3자에게 유출하거나 타 목적에 사용해서는 안되며, 상대방이 요구하는 비밀사항을 철저히 준수하여야 한다.

제 5 조 지적소유권
본 협약 수행 중 또는 수행과 관련하여 해당되는 "갑"의 작품이나 캐릭터의 원천적인 지적 소유권은 "갑"에게 있다.

제 6 조 불법복제 방지
"을"은 "갑"이 공급한 캐릭터 및 관련캐릭터 상품에 대한 불법복제방지에 대한 책임을 가지며 문제가 생길 경우 일방적 계약해지의 사유가 될 수 있다.

제 7 조 수익배분

수익배분은 별도의 계약서에 작성함을 원칙으로 하며, 특히 해외시장의 업체 및 방송국과의 협의가 있어야 하므로 "을"은 해외상황을 정확히 "갑"에게 알려야 하며 "갑"은 계약이 원활히 진행될 수 있도록 적극적인 협조 후 해외진출 계약이 체결되기 직전에 수익배분에 관한 계약을 체결하기로 한다.

제 8 조 시행일 및 유효기간

1. 본 협약서는 상호 기명 날인한 날로부터 시행한다.
2. 본 협약서는 체결 일로부터 1년간 유효하며, 별도의 해지 의사표시가 없는 한 1년씩 자동 연장하는 것으로 한다.

제 9 조 협약 외 사항

이 협약서에 규정되어지지 않은 사항 혹은 각 조항에 있어 이견이 발생하였을 경우에는 상호협의 하여 원만히 해결하도록 한다.

본 협약서 체결을 증명하기 위하여 2부를 작성하여 "갑"과 "을"이 기명날인 하고 1부씩 보관한다.

200 년　월　일

甲 : _____　　　乙 : _____
　　　Signature　　　　　　　Signature

디자인 용역 계약서

캐릭터 디자인 용역 계약서

본 계약은 디자인 용역의뢰자인 _____ 를 '갑' 이라 칭하고, 상호 계약에 의하여 그 디자인용역을 수행하는 _____ 을 '을' 이라 칭하여 디자인용역 업무와 관련하여 다음과 같은 내용으로 계약을 체결한다.

1. 개발의뢰 내용

_____ 관련 캐릭터, 로고 및 캐릭터의 응용동작을 개발하고, 이를 중심으로 하여 '갑' 에게 필요하리라 예상되는 디자인 등 일체 (상세내용은 첨부 리스트에 명시)

2. 작업방법

1) '갑' 은 본 계약서와 함께 캐릭터개발에 필요한 기본사항을 '을' 에게 통보하여 '을' 이 원활히 개발방향을 설정할 수 있도록 한다.
   - 정확한 명칭, 개발의견 등
2) '을' 은 몇가지 캐릭터 개발안을 고안하여 '갑' 과 상의하여 결정하고, 이를 근거로 하여 추가 작업을 시행하는 방식으로 한다. 이때 '갑' 은 '을' 이 제시한 디자인案에 대해 최대한 빠른 시간내에 의견을 통보해야 하고, 지속적인 의견제시에도 불구하고 의견조율이 되지 않을 경우 최소 각3가지 이상의 의견제시를 전제로 '을' 이 선정하여 일체의 작업을 수행한다.

3. 최종 결과물의 제출

최종결과물은 CD 및 3권의 메뉴얼북으로 제작하여 제출한다.

4. 계약금액 : _____ 원 (부가세별도)

5. 대금의 결재

통상 디자인용역계약의 경우 선금을 받고 수행하여 '을'의 위험부담을 감소하는게 상례이므로 계약시 총금액의 30%를 지급하고 최종결과물 제출 후 일주일안에 '을'의 계좌로 나머지 70%를 입금함을 약정한다.

6. 기타 사항은 디자인용역 사업과 관련된 일반관례에 준한다.

첨부 : 상세 개발의뢰 내용

1. 캐릭터 : 기본형 및 응용형 (20 Page, 50 동작 이상)
2. 추가 의뢰 내용
   (1) BASIC
     - 캐릭터 및 로고의 의미설명
     - 색상활용
     - 그래픽 패턴
   (2) APPLICATION
     - 명함, 업무용 대/소봉투, 팩스용지, 주차증, 뺏지, 명찰, 명패, 초청장, 우편엽서, 홍보간행물포멧, 부서표시
   (3) PROMOTION
     - 캐리어백, 시계, 우산, 모자, 넥타이, 열쇠고리, 마우스패드, 볼펜, 티셔츠
   (4) SIGN
     - 지주사인, 현수막, 육교현판, 와이드칼라, 빌보드, 행사용기, 행사용 배너

200 년   월   일

甲 : _____   乙 : _____
        Signature   Signature

디자인 용역 계약서

캐릭터상품 임가공 계약서

공급위탁자 (이하 '갑')　　　　　　공급수탁자 (이하 '을')

上記 당사자간에 상품공급계약을 이행함에 있어 공급위탁자를 '갑', 공급수탁자를 '을'이라 칭하고, '갑'이 생산의뢰한 '을'의 독점생산품목을 공급함에 있어 다음과 같이 약정을 체결하고 이를 성실히 이행할 것을 약정한다.

제1조 (상품의 명세)
'을'은 '갑'의 요청에 의거, 下記와 같이 물품을 생산공급하여야 한다.
　- 記 : 별지의 발주서로 대체 -
　　　(발주서에는 품명, 규격, 재질, 수량, 단가, 금액을 명시함)

제2조 (상품의 공급)
'을'은 본 계약서에 명기된 기일을 엄수하여 '갑'이 지정한 장소에 공급하여야 한다.
　- 납품장소 : 발주서에 명시

제3조 (계약기간 및 발주)
'갑'과 '을'은 제1조에 명기된 상품을 공급함에 있어 200_년　월　일까지를 계약기간으로 하며 계속 반복적으로 공급이 이루어지는 상품은 '갑'의 발주서로 본 계약을 대신할 수 있다. 그리고 계약기간은 상호협의에 의해 2

년단위로 연장계약이 가능하다.

제4조 (Pre-Sample 제시)
'을' 은 '갑' 이 생산의뢰한 상품의 완성품을 납품하기전 반드시 견본품을 제시하여 '갑' 의 확인후 생산에 착수하여야 한다.

제5조 (검사)
'을' 은 생산한 상품에 대하여 '갑' 의 검사기준 및 생산지시서에 의한 검사를 필하여야 하며 수검을 위한 제반 준비 및 편의를 제공하여야 한다.

제6조 (불합격품의 처리)
생산된 상품중 '갑' 의 검사기준에 의거 불합격품으로 처리된 상품은 '갑' 이 인수하지 않는 것을 원칙으로 한다. 단 불합격품 B급은 '갑' 이 계약단가의 30%를 인수하며 C급은 '갑' 의 입회하에 전량 폐기 처분하거나 무상으로 '갑' 이 인수함을 원칙으로 한다.

제7조 (납품)
1. 상품의 납품은 '갑' 의 검사에 합격한 수량 (B급중 '갑' 이 인수키로 한 수량은 포함)에 한하여 납품된것으로 한다.
2. 납품은 Lot별로 오더된 전량을 납품하는 것을 원칙으로 하며, 부득이한 사유로 분할 납품하는 경우 Lot별 최종 입고일을 납품일자로 한다.
3. 납품장소는 '갑' 의 창고또는 '갑' 이 지정하는 장소로 한다.

제8조 품질보증
'을' 은 '갑' 에게 공급하는 상기상품에 대하여 납품후 특정기간동안 품질보증을 하여야 하며 동기간중 물품고유의 하자 또는 가공상의 하자로 인하여 발생하는 불량품은 기간중 하시라도 수리, 반품, 또는 교환하여야 한다.

제9조 (제품의 유출금지)
'을'은 '갑'의 요구에 의하여 제조한 제품을 '갑' 이외에 '을'의 임의로 유출할수 없다.

제10조 (대금의 결제)
'을'은 물품청구와 함께 이에 상응하는 금액을 '갑'에게 청구하여야 하며, '갑'은 '을'과의 사전합의대로 대금결제를 이행한다.

제11조 (손해배상 등)
'을'은 납기지연, 수량부족, 품질불량등 기타 사유가 발생하여 '갑'에게 손해를 입히게 될 경우, '갑'의 계산기준에 의거 산출한 손해금액을 '을'은 이의없이 변상하여야 한다.

제12조 (계약의 해석)
본 계약서 해석상 '갑' '을' 간 이의가 있을때에는 일반 상관례에 따르며, 본 계약에 미비된 사항은 상호 협의하에 보완할 수 있으며 만일 분쟁이 생겼을 경우에는 '갑'의 소재지 관할 법원에서 이를 처리한다.

본 계약을 체결함에 있어 '갑'과 '을'은 계약서의 모든 조항을 확인하고 계약을 성실히 이행할 것을 확인함과 동시에 상기 각조항을 증명하기 위하여 본 계약서 2부를 작성하여 '갑'과 '을'이 서명 날인하여 각기 1부씩 보관한다.

200 년   월   일

甲 : _____   乙 : _____
    Signature   Signature

〈로열티 레포트양식(분기)〉

Contract.
Sales re[port p(캐릭터명) Licensed Articles
라이센시 (분기) 판매 보고서

Licensee's Name	Period of Sales Report
라이센시명:	판매보고기간: (200_년 _분기)
Date of Agreement	Date of Sales Report
계약일자:	작성년월일
Representative's Name	Representative
대표자명: (인)	리포트작성자: (인)

로열티률
(Royalty Rate)

VAT별도

No.	Desogn all[rpval No. 디자인승인번호	Licensee's Aticle 상품명	Retail Price 소비자가	Unit Price 평균출고가	Monthly Sales(판매수량)			Total 매출액	Royalty (5%) 로열티정산액
					Stock b/f 전분기재고	Output 당분기생산	Net unit sold 당분기판매수량	Stock c/f 당분기말재고		
1										
2										
3										
4										
5										
6										
7										
8										
9										
10										
Total								전분기까지의 로열티 누계	−	
								당분기말 현재 로열티 누계		

증지사용현황	이월수량	보고기간내 수령량	보고기간중사용량	잔량
	−			

1) 해당분기에 생산 및 판매실적이 없는 경우 '해당사항 없음' 표기하여 제출하여야 합니다.
2) 평균출고단가는 해당분기의 총판매금액을 판매수량으로 나누어 입력합니다.
3) 로열티를 산 입력하면 자동계산됩니다.
4) 디자인 승인번호가 없는 경우 생략합니다.

250 ∴ 거꾸로 가지 않는 사업, 캐릭터 사업의 실체

〈로열티 레프트양식(월간)〉

Contract.
Sales report (月)(каетна) Licensed Articles
라이센시 (월간) 판매 보고서

Licensee's Name 라이센시명:	Period of Sales Report 판매보고기간: (200_년_분기)
Date of Agreement 계약일자:	Date of Sales Report 작성연월일:
Representative's Name 대표자명: (인)	Representative 리포트작성자: (인)

로열티율
(Royalty Rate)

VAT별도

No.	Design approval No. 디자인승인번호	Licensee's Article 상품명	Retail Price 소비자가	Unit Price 평균출고가	Monthly Sales(판매수량)				Total 매출액	Royalty (5%) 로열티정산액
					Stock b/f 전분기재고	Output 당분기생산	Net unit sold 당분기판매수량	Stock c/f 당분기말재고		
1										
2										
3										
4										
5										
6										
7										
8										
9										
10										
Total										

증자사용현황	이월수량	보고기간내 수량분	보고기간중 사용분	잔량	전분기말 로열티 누계	전분기까지의 로열티 누계
	–					–

1) 해당분기에 생산 및 판매실적이 없는 경우 "해당사항 없음" 표기하여 제출하여야 합니다.
2) 평균출고단가는 해당분기의 총판매금액을 판매수량으로 나누어 입력합니다.
3) 로열티율을 선 입력하면 자동 계산됩니다.
4) 디자인 승인번호가 없는 경우 생략합니다.

《디자인승인서 양식》

Design Approval Form
디자인 승인 신청서

Licensee's Name :
라이센시 회사명 : _____

Representative :
담당자명 :   (인)

Design Approval Number
디자인 승인번호
_____

〈DESIGN / 디자인 시안 표기〉

Licensed Article
계약품목

Products
제품명

Size(CM)
규격

Expected wholesale price
예상소비자가격

Expected production quantily
예상 생산수량

Supply date
예상 생산수량

Country of manufacture
생산지

Date
작성년월일

위의 표시란이 부족할 경우에 디자인시안을 별첨할 수 있습니다

Producte Approval (승인자)	Concept design(디자인 시안 승인)	Pre-production sample (시제품승인)	Production sample (완제품승인)

252 ∴ 거꾸로 가지 않는 사업, 캐릭터 사업의 실체

〈디자인승인서 양식〉

증지 신청서

수신처 :
Tel.   / Fax.

	예상 상품명	출시예정일자	예상 생산수량(증지소요량)	비고
1				
2				
3				
4				
5				
6				
7				
8				
9				
10				
	합계			

상기와 같이 증지를 신청합니다.

2000년 월 일

Licensee's Name   Representative
라이센시 회사명   담당자명

정품에 대한 기준으로서의 표시 뿐만아니라 원활한 라이센싱업무를 위하여 라이센스계약서 제9조에 근거하여 모든 라이센시 상품에는 증지가 반드시 부착되어야 합니다. 임의적으로 증지를 부착하지 않은 상품을 출시할 경우 해약의 원인이 될 수 있습니다.

아울러 증지관리를 명확히 하시어 로얄티레포팅상에 오해가 없도록 하여 주십시오.

증지는 'W____/장(vat별도)' 으로 공급(로열티에 포함되지 않음)하며, 요청시 택배, 우편 등의 방법으로 우송가능하나 우송에 따른 실비를 부담하셔야 합니다.

처리담당자		입금 확인	

〈캐릭터상품 발주서〉

발주일자 : 200   년   월   일

_____ 귀중

발주서

주식회사 _____

서울시 강남구 _____

귀사의 협력에 감사드리며,
아래와 같이 발주합니다.

결재	기안	심사	결정

납품기일		결재조건	
납품장소		검품방법	

품목	단가	수량	발주금액	비고

메모/주의사항

공급자 확인란

〈캐릭터 라이센싱 견적서 양식 예시〉

캐릭터 라이센싱 견적서

발주일자 : 200   년   월   일

_____ 귀중

주식회사 _____

서울시 강남구 _____

귀사의 협력에 감사드리며,
아래와 같이 발주합니다.

결재	기안	심사	결정

납품기일		결재조건	
납품장소		검품방법	

캐릭터 명	품목	기간	계약금액	비고

메모/주의사항

공급자 확인란

수신처 :

〈캐릭터상품 원가계산서 양식 예시〉

원 가 계 산 서

작성	검토	검토	승인

작성일자	
입고예정일	
원가 No.	

품명		캐릭터		CT/BOX	
수량		생상			

협력업체	발주			추정원가			집행원가			
	항목	규격	발주일	수량	단가	금액	월/일	수량	단가	금액

사전원가계		사전원가	#DIV/0!	원가절감금액	
사후원가계		사후원가		실마진율	실마진

예상 소비자가격별 마진금액 및 마진률	소비자가격		출고가격		ROYALTY(0%)		총단가(로열티포함)	
	단위마진		마진률		총 마진금액		총원가	
	소비자가격		출고가격		ROYALTY(0%)		ROYALTY(0%)	
	단위마진		마진률		총 마진금액		총원가	

시장동향	
최종 진행소비자가		비고	

〈캐릭터상품 출고명세표 양식〉

출고 명세표

발주일자 : 200 년   월   일

_____ 귀중

주식회사 _____

서울시 강남구 _____

귀사의 협력에 감사드리며,
아래와 같이 발주합니다.

결재	기안	심사	결정

품목	수량	단가	금액(VAT별도)	비고

메모/주의사항

공급자 확인란

결재계좌 안내 :

⟨캐릭터 공모전 심사기준표 1⟩

창작캐릭터 공모전 심사 기준표(1차)

1차 심사 : 아래의 평가기준을 참조하여 작품별 평가점수를 各 작품의 좌측하단에 기입(절대 평가, 심사위원별 다른 색깔의 펜으로 기록

평가항목	평가 착안점	배점
Ⅰ. 창의성	모방, 복제에 대한 엄격한 심사 · 심미성, 아이캐쳐, 아이디어, 독창성 등	35
Ⅱ. 상품성	상품개발 측면의 수익모델 전개 가능성 · 다양한 상품에로의 전개가능성, 3D입체물 가능성, 상품의 지속성 및 보편타당성, 상품 어플리케이션의 참신성 등	35
Ⅲ. 완성도 및 기술성	캐릭터와 이야기전개의 조화, 기술적 종합평가 · 드로잉스킬등 디자인력, 캐릭터, 차별성, 시놉의 구성능력등	30
합계		100

〈캐릭터 공모전 심사기준표 2〉

창작캐릭터 공모전 심사 기준표(2차)

2차 심사 : 1차 심사 선정작품 대상, 아래의 심사기준에 의거 평가

평가항목	평가 착안점	배점	
Ⅰ. 창의성 (35)	① 아이디어 ② 심미성 ③ 아이캐쳐 　　　　　소계	15 10 10 35	독창성과 기발함이 있는가? 心美性(美적 요인의 호감도)은 어떠한가? 주목성과 끌림이 있는가?
Ⅱ. 상품성 (35)	① 다양한 상품에로의 전개가능성 ② 어플리케이션의 참신성 ③ 프로모션 or 바리에이션 가능성 ④ 3D 입체물 가능성 ⑤ 상품의 지속성 및 보편타당성 　　　　　소계	10 10 5 5 5 35	캐릭터 상품으로써의 접근이 용이한가? 상품적용 디자인의 캐릭터와 상품과의 조화가 있는가? 유관 콘텐츠와의 연계 및 발전가능성이 있는가? 평면 및 입체캐릭터 상품제작을 위한 커뮤니케이션... 캐릭터 생명력외 상품디자인요소로써 적합한가?
Ⅲ. 완성도 및 기술성(35)	① 드로잉스킬 등 디자인력 ② 캐릭터 차별화 ③ 시놉의 구성능력 　　　　　소계	10 10 10 30	라인터치, 드로잉등 전반적 디자인능력이 우수한가? 기존캐릭터와의 차별성(모방, 유사상 배제)이 있는가? 캐릭터 스토리전개상의 신선함과 전체 구성은?
합계		100	

〈캐릭터상품 카다로그 양식 예시〉

Product of doogy(in KOREA)

"Doogy" Rag Doll(56cm)/Doogy doll 22'	"Doogy" Rag Doll(43cm)/Doogy doll 17'	"Doogy" Rag Doll(28cm)/Doogy doll 11'
1. ₩30,000	1. ₩20,000	1. ₩11,000
2. 56cm	2. 43cm	2. 28cm
3. acryl,pe	3. acryl,pe	3. acryl,pe
4. 12	4. 18	4. 30
5.	5.	5.

"Doogy" Rag Doll(15cm)/Doogy doll 6'	"Doogy" RMulti-Use Basket	"Doogy" School Uniform Doll(28cm)
1. ₩13,5000	1. ₩6,500	1. ₩13,000
2. 15cm	2. 18×10×15cm	2. 28cm
3. acryl,pe	3. acryl,pe	3. acryl,pe
4. 80	4. 80	4. 30
5.	5.	5.

"Doogy" Multi-Use Holder	"Doogy" Multi-Use Holder	"Doogy" Cushion
1. ₩13,000	1. ₩10,000	1. ₩10,000
2. 43×50cm	2. 24×73cm	2.
3. acryl, oxford	3. acryl, oxford	3. cotton
4. 40	4. 40	4. 28
5.	5.	5.

"Doogy" House Shoes for Children	"Doogy" Sponge Cushion	"Doogy" Apron
1. ₩10,000	1. ₩5,000	1. ₩8,500
2.	2. 33×33cm	2. 58×66cm
3. acryl	3. Cotton, Sponge	3.
4. 60	4. 70	4. 100
5. 461	5. 2270	5. 600

"Doogy" Cute doll 22	"Doogy" Perfumed Cushion	"Doogy" Wristlets for Children
1. ₩2,500	1. ₩20,000	1. ₩3,500
2. 120×80cm	2. 360×480×250cm	2. 150×280cm
3. acryl,pe	3. acryl	3.
4. 300	4.	4.
5.	5.	5.

"Doogy" House shoes(Large)	"Doogy" House Shoes(Medium)	"Doogy" Square Tissue Case
1. ₩12,000	1. ₩12,000	1. ₩8,000
2. 280cm	2. 250cm	2. 23×11×12cm
3. acryl	3. acryl	3. acryl
4. 24	4. 50	4. 48
5.	5.	5.

"Doogy" Bedclothes Set(Flower-Orange)	"Doogy" Bedclothes Set(In Nature)	"Doogy" Bedclothes Set(Reading Doogy)
1. ₩155,000	1. ₩30,000	1. ₩155,000
2. comforter:160-210 Mattress-Single 100*200 -Super Single 112*200	2. comforter:160-210 Mattress-Single 100*200 -Super Single 112*200	2. comforter:160-210 Mattress-Single 100*200 -Super Single 112*200
3. Pillow:30*70	3. Pillow:30*70	3. Pillow:30*70
4.	4.	4.
5. cotton 100%	5.	5.

"Doogy" Bell Table Clock	"Doogy" Steel Wall Clock(Small)	"Doogy" Steel Wall Clock(Large)
1. ₩25,000	1. ₩20,000	1. ₩22,000
2. 190×260×80mm	2. 180×180×45mm	2. 250×250×45mm
3. Steel, Plastic	3. Steel	3. Steel
4.	4.	4.
5.	5.	5.

"Doogy" Exterior Bell Table Clock	"Doogy" Exterior Bell Table Clock	"Doogy" mini Bell Table Clock
1. ₩25,000	1. ₩22,000	1. ₩11,000
2. 16×24×8cm	2. 12×16×6.5cm	2. 9×11.5×3.5cm
3. plastic	3. plastic	3. plastic
4. 30	4. 30	4. 60
5.	5.	5.

〈캐릭터상품 상세 카다로그 양식 예시〉

제품명	두기 어린이 공부상			
브랜드/캐릭터	두기(Doogy)	디자인 수	2종	
용 도	어린이 학습, 간식 등	타 켓	유아 - 초등생	
규 격	내용량 : 　　　　중량 :	SIZE(W * D * H) :	610 * 485 * 240mm	
포장형태	개별 골판지박스 (인쇄)포장	주요재질	목재(MDF) 비닐시트코팅, 실크인쇄	
상품개요	어린이들의 학습시, 간식시에 활용하는 보편적인 공부상을 고급스런 실크디자인 처리를 하였으며, 캐릭터의 인지도 향상과 함께 할인점 인기품목임			
원산지	주원료 : MDF, 한국산			
현재유통	백화점( ), 할인점(O), 대리점(O), 홈쇼핑( ), 방문판매(O), 미판매( ), 기타( )			
판매가격	소비자가격	25,000원(일반소매점)		수시생산
	할인점	16,000원(삼성홈플러스, 엘지마트)		
공급가격(영세율)		최저수량		

제품명	두기 비밀번호 저금통			
브랜드/캐릭터	두기(Doogy)	디자인 수	2종	
용 도	저금통, 퍼즐용, 장식용	타 켓	학생, 성인	
규 격	내용량 : 　　　　중량 :	SIZE : 지름 : 9.7cm	높이 : 14.4cm	
포장형태	개별 골판지박스 포장	주요재질	HIPS	
상품개요	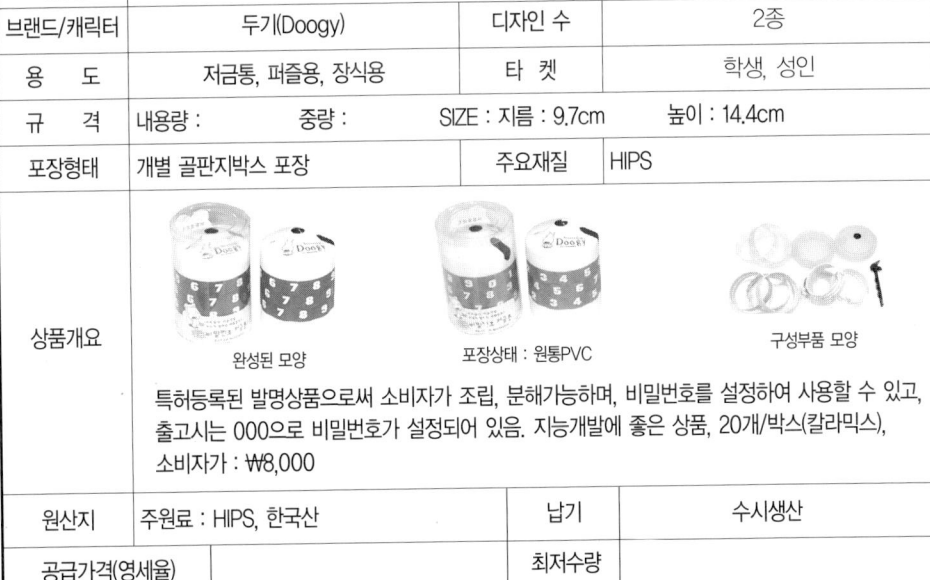　완성된 모양　　포장상태 : 원통PVC　　구성부품 모양 특허등록된 발명상품으로써 소비자가 조립, 분해가능하며, 비밀번호를 설정하여 사용할 수 있고, 출고시는 000으로 비밀번호가 설정되어 있음. 지능개발에 좋은 상품, 20개/박스(칼라믹스), 소비자가 : ₩8,000			
원산지	주원료 : HIPS, 한국산		납기	수시생산
공급가격(영세율)		최저수량		

거꾸로 가지 않는 사업
캐릭터사업의 실체

2006년 8월 10일 초판 1쇄 발행
2008년 1월 10일 초판 2쇄 발행

저　자 | 신용태 저
발행처 | 크라운출판사
신고번호 | 제 300-2007-143호
발행인 | 李　相　源

주　소 | 서울시 종로구 연건동 271-1
대표전화 | (02)745-0311~3
팩　스 | (02)765-2323, 766-3000
홈페이지 | http://www.crownbook.com

특별보급정가
12,000원

저자협의
인지생략

Copyright ⓒ 2008 CROWN Publishing Co.
ISBN 978-89-406-9309-4